高等职业教育高水平专业群创新系列教材·汽车类

汽车电器设备检修
（活页工单式）

主　编　张　军　汪月英
副主编　刘欣欣　冷　帅　周美玲
　　　　郭其涛
参　编　李　楠　王秀清　孙雪梅
　　　　孙乐春　佟得利　王椿龙

北京理工大学出版社
BEIJING INSTITUTE OF TECHNOLOGY PRESS

内容简介

编写本书的主要目的是培养汽车电子技术、汽车运用与维修专业学生对汽车电器设备维修的技能和素质。采用模块教学，工单引领，任务驱动，将电器系统设备的结构、工作原理、检测与维修方法按照学生的认知规律贯穿整个教学任务的实施中，达到提高学生技能的目的。

本书共分5个模块，包括：电源、起动、照明与信号、仪表与警告、风窗清洁系统的检修。每个模块包括：任务信息、任务流程（任务准备、任务实施、任务拓展）、参考书目。

本书适合高职院校汽车各专业教师、学生使用，也可作为汽车售后服务企业的专业技术人员培训教材。

版权专有　侵权必究

图书在版编目（CIP）数据

汽车电器设备检修 / 张军, 汪月英主编. -- 北京：北京理工大学出版社, 2021.11
ISBN 978-7-5763-0566-1

Ⅰ. ①汽… Ⅱ. ①张… ②汪… Ⅲ. ①汽车—电气设备—车辆修理—高等职业教育—教材 Ⅳ. ①U472.41

中国版本图书馆 CIP 数据核字 (2021) 第 214920 号

出版发行 / 北京理工大学出版社有限责任公司	
社　　址 / 北京市海淀区中关村南大街5号	
邮　　编 / 100081	
电　　话 / (010)68914775（总编室）	
(010)82562903（教材售后服务热线）	
(010)68944723（其他图书服务热线）	
网　　址 / http://www.bitpress.com.cn	
经　　销 / 全国各地新华书店	
印　　刷 / 河北盛世彩捷印刷有限公司	
开　　本 / 787毫米×1092毫米　1/16	
印　　张 / 16	责任编辑 / 孟祥雪
字　　数 / 386千字	文案编辑 / 孟祥雪
版　　次 / 2021年11月第1版　2021年11月第1次印刷	责任校对 / 周瑞红
定　　价 / 49.80元	责任印制 / 李志强

图书出现印装质量问题，请拨打售后服务热线，本社负责调换

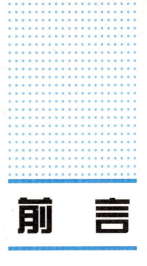

前 言

一、编写意图

现代汽车机械技术与电子技术高度一体化,汽车维修技术不断更新,为了适应汽车市场变化要求,汽车维修企业不断进行调整,这对汽车维修技术人员提出了更高的要求。先理论后实践的传统教学模式和验证性教学内容实训已不能适应学生技能的培养。培养学生在实际工作中为完成工作任务,以问题为导向不断提出问题、发现问题、分析问题、解决问题的能力,将知识技能融于工作过程,并将素质培养贯穿整个工作过程。

二、适用范围

本书适用于高职院校的汽车检测与维修技术专业、汽车电子技术专业、汽车运用专业的教师和学生,以及汽车售后服务维修技术人员。

三、编写思路

编写本书主要目的是让学生掌握汽车电气电子系统的检修、故障诊断的基本知识、技能操作方法、仪器的使用,为进一步掌握现代汽车先进电子控制技术故障诊断与维修打下良好的基础。

本书遵循学生认知规律,从教材体系结构、内容与方法、工作任务等多个方面进行精心设计,体现高等职业教育的特色,主要特色如下:

1. 本书是工单+手册式教材,教材的编写以能力、素质培养为目标,以任务驱动,工单引领,以学生为中心,理—实一体将新知识、新技术融入课程。

2. 按照能级递进的人才培养规律,由初级到高级,由易到难,并且融合 1+X 证书标准,把理论知识和实践内容有机融合、互化共生、递进发展,设计了 5 个模块,共计 17 个任务。各任务均有明确的能力等级,注重学生"做中学",从"做"中发现问题、分析问题、解决问题,突出学生能力发展。每个模块具有丰富的微视频、动画、AR 等媒体资源,并配有国家教学资源库资源、国家精品资源共享资源,学习者可通过扫描教材二维码观看或进入网址(http://www.icourses.cn/ 爱课网或 http://www.icve.com.cn),进行线上、线下学习,培养学生的综合素养。

3. 本书从职业岗位需求出发,以企业典型工作任务为依据,融入企业、行业标准,校、

企专家共同研讨,以企业实际工作案例设计本书的工作任务,以工作流程为主线,构建了"任务准备—任务实施—任务拓展"三阶递进的模块化内容体系。

4. 本书注重学生的全面发展,把思政教育、素养教育、安全教育等融入教与学过程中,特别引入红旗自主汽车技术,弘扬民族文化,增强学生文化自信,引导学生成功成才。

本书包括以下主要内容:

1. 课程任务与能力矩阵:能够明确此教材的模块单元和任务数量以及任务对应的能力等级。

2. 任务信息:指明了每个模块和任务的详细信息,包括课程名称、模块名称、任务名称及难度、学时数、案例导入的具体内容、能力目标等。

3. 任务流程:此部分是教材的主要内容,包括任务准备、任务实施和任务拓展三个方面,这里面有活页工单和完成工单所需要的理论知识。

4. 参考书目:此部分说明了完成此任务所涉及的相应辅助参考资料。

四、使用说明

教师在使用本书时,一定要指导学生完成任务实施过程中"工作表"和"任务工单"的填写,完成工作表的内容学习即完成了模块下的工作任务,并且要进行课后拓展知识的学习。

五、教材内容及编者

本教材的参考学时为64学时,学时分配如下。

模块	内容	学时分配
一	汽车电源系统检修	16
二	汽车起动系统检修	16
三	照明与信号系统检修	12
四	仪表与警告系统检修	10
五	风窗清洁系统检修	10

本书由张军、汪月英担任主编,由刘欣欣、冷帅、周美玲、郭其涛担任副主编。

编写分工如下:模块一由刘欣欣、张军编写,模块二由周美玲、张军编写,模块三由冷帅、汪月英编写,模块四由郭其涛编写,模块五由汪月英编写。李楠、王秀清、孙雪梅、孙乐春、佟得利、王椿龙等参与了教材框架制定、案例收集、微视频制作、数据采集与教材整理等工作,在此一并表示感谢。

编写组参阅了大量一汽大众汽车和红旗轿车的维修和用户使用资料,并进行了整理和归纳,但由于经验有限,对技术发展中的车辆控制机理认知难免存在一定的局限性,如果您在使用过程中发现不妥和错误之处,恳请予以批评指正。

编 者

目　录

模块一　汽车电源系统检修 ··· 1

　任务 1.1　蓄电池故障诊断与维修 ··· 2

　任务 1.2　发电机故障警告灯常亮故障诊断与维修 ··· 27

模块二　汽车起动系统检修 ··· 65

　任务 2.1　起动系统认识 ··· 66

　任务 2.2　起动系统主电源电路的故障诊断 ··· 82

　任务 2.3　起动系统控制电路的故障诊断 ··· 91

　任务 2.4　起动系统信号电路的故障诊断 ··· 102

模块三　照明与信号系统检修 ··· 109

　任务 3.1　灯光认识与操作 ··· 110

　任务 3.2　汽车前照灯的更换 ··· 118

　任务 3.3　左前近光灯不亮故障诊断 ··· 130

　任务 3.4　智能灯光系统故障检修 ··· 141

　任务 3.5　转向信号灯不亮故障检修 ··· 148

　任务 3.6　汽车喇叭不工作故障检修 ··· 164

模块四　仪表与警告系统检修 …… 179

任务 4.1　仪表与警告系统认识 …… 180
任务 4.2　保养周期复位 …… 196

模块五　风窗清洁系统检修 …… 203

任务 5.1　汽车刮水器的操作与维护 …… 204
任务 5.2　汽车后窗玻璃加热不工作故障检修 …… 220
任务 5.3　汽车刮水器不工作故障检修 …… 225

模块一

汽车电源系统检修

课程任务与能力矩阵

"汽车电器设备检修"学习任务图表

模块名称	任务名称		难度描述
模块一 汽车电源系 统检修	任务1.1	蓄电池故障诊断与维修	汽车运用与维修1+X初级/汽车维修工初级
	任务1.2	发电机故障警告灯常亮故障诊断与维修	汽车运用与维修1+X中级/汽车维修工中级
模块二 汽车起动系 统检修	任务2.1	起动系统认识	汽车运用与维修1+X初级/汽车维修工初级
	任务2.2	起动系统主电源电路的故障诊断	汽车运用与维修1+X中级/汽车维修工中级
	任务2.3	起动系统控制电路的故障诊断	汽车运用与维修1+X高级/汽车维修工高级
	任务2.4	起动系统信号电路的故障诊断	汽车运用与维修1+X初级/汽车维修工高级
模块三 照明与信号 系统检修	任务3.1	灯光认识与操作	汽车运用与维修1+X初级/汽车维修工初级
	任务3.2	汽车前照灯的更换	汽车运用与维修1+X中级/汽车维修工中级
	任务3.3	左前近光灯不亮故障诊断	汽车运用与维修1+X中级/汽车维修工中级
	任务3.4	智能灯光系统故障检修	汽车运用与维修1+X高级/汽车维修工高级
	任务3.5	转向信号灯不亮故障检修	汽车运用与维修1+X中级/汽车维修工中级
	任务3.6	汽车喇叭不工作故障检修	汽车运用与维修1+X高级/汽车维修工高级
模块四 仪表与警告 系统检修	任务4.1	仪表与警告系统检修	汽车运用与维修1+X初级/汽车维修工初级
	任务4.2	保养周期复位	汽车运用与维修1+X初级/汽车维修工初级
模块五 风窗清洁系 统检修	任务5.1	汽车刮水器的操作与维护	汽车运用与维修1+X初级/汽车维修工初级
	任务5.2	汽车后窗玻璃加热不工作故障检修	汽车运用与维修1+X中级/汽车维修工中级
	任务5.3	汽车刮水器不工作故障检修	汽车运用与维修1+X高级/汽车维修工高级

任务 1.1 蓄电池故障诊断与维修

一、任务信息

任务 1.1 蓄电池故障诊断与维修

任务难度	初级		
学时	8学时	班级	
成绩		日期	
姓名		教师签名	
案例导入	1. 顾客打救援电话，车辆无法起动，维修人员到达现场后，对蓄电池外观进行检查，判断蓄电池的工作状态。 2. 顾客打救援电话，车辆无法起动。蓄电池外观检查正常，需要跨接起动车辆。 3. 顾客打救援电话，车辆无法起动。维修人员对蓄电池外观检查正常，跨接起动车辆后开至4S店，需要对蓄电池状态进行检查。 4. 蓄电池状态检查结果是蓄电池电量不足，需要充电。 5. 蓄电池状态检查结果是蓄电池报废，需要更换蓄电池。 作为维修技师，请你帮助客户解决以上问题		
能力目标	知识	1. 熟悉蓄电池回收、车辆改装等法律法规； 2. 掌握电源系统（蓄电池）构成、原理、检测维修方法	
	技能	能够正确检测维修蓄电池	
	素养	1. 具有安全意识、环保意识、法律意识； 2. 具有良好的团队合作精神、以客户为中心、敬客经营的职业精神； 3. 具有严谨、规范、精益求精的大国工匠精神； 4. 具有科技报国的家国情怀和使命担当； 5. 具有正确的劳动观点和劳动态度，具有爱岗敬业、吃苦耐劳的精神	

二、任务流程

（一）任务准备

做蓄电池故障诊断与维修，需要做哪些准备工作？需要准备哪些工具？具体的操作步骤有哪些？请查看以下二维码进行学习。

跨接起动　　　　　　　　蓄电池充电　　　　　　　　蓄电池更换

（二）任务实施

根据能力素质培养要求，通过实训和技能训练完成以下工作任务。

任务 1.1.1　蓄电池外观检查

1. 工作表　蓄电池外观检查

（1）阅读实训车辆蓄电池铭牌，填写蓄电池相关参数。

① 额定容量：_____；

② 冷起动电流：_____；

③ 额定电压：_____。

（2）蓄电池的外观检查。

① 检查蓄电池外壳是否破裂、电解液有无渗漏，记录结果。

_____

_____

② 检查蓄电池正、负极桩是否脏污或有无氧化物，记录结果。

_____

_____

③ 检查蓄电池正负极柱与电缆连接是否紧固，记录结果。

_____

_____

若出现明显松动，需要按照维修手册给定的扭矩进行紧固，查找扭矩记录如下：扭矩_____。

（3）通过魔术眼判断蓄电池的基本状态。

①观察实训车辆的蓄电池，写出魔术眼不同颜色的意义。

_____ 色表示蓄电池处于良好状态。

_____ 色表示蓄电池处于亏电状态，需要给蓄电池充电。

_____ 色表示蓄电池损坏，需要更换。

②观察实训车辆蓄电池魔术眼，写下结果并判断蓄电池状态。

_____

_____

2. 参考信息

（1）蓄电池外观标识。

蓄电池顶部一般贴有铭牌，铭牌中一般印有安全标识、型号、相关技术参数等信息，如图 1-1 所示。

① 蓄电池常见的安全标识。

蓄电池的安全标识，如图 1-2 所示。

图 1-1　蓄电池铭牌

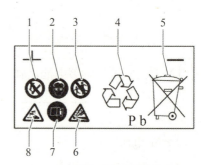

图 1-2　蓄电池的安全标识

1—禁止烟火；2—眼睛防护；3—儿童不得靠近；
4—循环利用；5—禁止将电池丢入垃圾箱；6—当心
爆炸；7—阅读说明书；8—当心有机溶剂腐蚀电池

操作蓄电池时，严禁明火、火花、点火和吸烟。避免在处理电缆和电气设备时产生火花以及由于静电放电而产生火花。为了避免短路，严禁将工具放在蓄电池上。在对蓄电池作业时必须戴上护目镜。儿童必须远离电解液和蓄电池。

废弃处理：旧蓄电池是特殊垃圾，只允许在合适的收集地点并考虑法律规定条件的情况下进行废弃处理。

严禁把旧蓄电池作为生活垃圾处理。

处理蓄电池时存在爆炸危险。蓄电池充电时会产生具有强烈爆炸性的爆鸣混合气体。

请务必遵守蓄电池上、维修手册上和使用说明书中的说明。

腐蚀危险：蓄电池电解液腐蚀性很强，因此进行蓄电池作业时必须戴上防护手套和护目镜。严禁翻倒蓄电池，否则电解液会从排气孔中流出。

② 蓄电池型号。

蓄电池产品型号分为三段，如图 1-3 所示，其排列及其含义如下：

第 I 段表示串联的单格电池数，用阿拉伯数字组成，其标准电压是这个数字的 2 倍。

第 II 段表示蓄电池的类型和特征，用 2 个汉语拼音字母组成。其中第一个字母为 Q，表示起动用铅酸蓄电池。第二个字母为蓄电池的特征代号。如表 1-1 所示。

图 1-3　蓄电池型号

表 1-1　铅酸蓄电池的特征代号

特征代号	蓄电池特征	特征代号	蓄电池特征	特征代号	蓄电池特征
A	干荷电	J	胶体电解液	D	带液式
H	湿荷电	M	密封式	Y	液密式
W	免维护	B	半密封式	Q	气密式
S	少维护	F	防酸式	I	激活式

第Ⅲ段表示蓄电池的额定容量，我国目前规定采用 20 h 放电率的容量安培小时数 A·h。

此外，有的蓄电池在额定容量后面用一个字母表示其具有的特征性能，如 G 表示高起动率；S 表示塑料槽；D 表示低温起动性能好。

例如，蓄电池型号为 6-QAW-100S，6 表示由 6 个单格串联而成，标准电压 12 V；Q 表示起动用铅酸蓄电池；A 表示干荷电蓄电池；W 表示免维护蓄电池；100 表示容量为 100 A·h；S 表示塑料槽蓄电池。

③ 蓄电池的技术参数。

a. 额定电压。

蓄电池的额定电压为 12 V。汽油车一般用额定电压为 12 V 的蓄电池，柴油车将 2 块 12 V 蓄电池串联使用为 24 V。

蓄电池在无充放电且内部电解质的运动处于平衡状态时的电动势，称为静止电动势。静止电动势大小与电解液的密度和温度有关，一定程度上能够反映蓄电池的荷电状况。蓄电池工作时，电解液密度总是在 1.12~1.30 g/cm³ 变化。选择蓄电池时，一定要选择额定电压和车上电气系统电压等级一致的蓄电池。

b. 额定容量。

蓄电池的容量标志着蓄电池对外供电的能力。一只完全充足电的蓄电池，在允许的放电范围内所输出的电量称之为蓄电池的容量：

$$C = I_f \times t_f$$

式中：C——蓄电池的容量，单位为 A·h；

I_f——放电电流，单位为 A；

t_f——放电时间，单位为 h。

蓄电池的容量与放电电流的大小以及电解液的温度有关，蓄电池出厂时规定的额定容量是在一定的放电电流、一定的终止电压和一定的电解液温度下取得的。

额定容量是检验蓄电池质量的重要指标之一。GB 5008·1—1985 标准规定，以 20 h 放电率的放电电流在电解液初始温度为（25±5）℃，相对密度为（1.28±0.01）g/cm³（25 ℃）的条件下，放电到规定的终止电压 1.75 V，蓄电池所输出的电量，称为蓄电池的额定容量，记为 C_{20}。

例如，蓄电池为 6-QA-60 型，在电解液初始温度为 25 ℃时，以 3 A 的放电电流持续放电 20 h，单格电压降到 1.75 V，其额定容量 $C_{20}=3\times20=60$（A·h）。有的国外蓄电池标号上出现 20 HR，指的是 20 小时放电率，H 是 Hour（小时），R 是 Rate（比率）。

c. 冷起动容量。

冷起动电流（Cold Cranking Amperage，CCA）通常规定在 -18℃时，蓄电池 30 s 持续放电至端电压为 7.2 V 时所能提供的电流，是蓄电池对于低温起动性能的表现，和发动机的排量、压缩比、温度、起动时间、发动机及电气系统技术状态和点火的最低电压有关。蓄电池制造时根据使用地区环境温度不同，有提高耐热性或者提高耐寒性的设计，一般为热带地区设计的蓄电池 CCA 值低，为寒冷地区设计的蓄电池 CCA 值高。为寒冷地区设计的蓄电池在热带使用寿命肯定会缩短。选择蓄电池要根据当地温度去选 CCA 值适当的蓄电池，如当地气温高就要用 CCA 值低的产品，因为蓄电池对于气温很敏感，一般以气温 25 ℃为基准。

d. 储备容量。

储备容量（Reserve Capacity，RC）表示在汽车充电系统失效时，蓄电池能为照明和点火系统等用电设备提供 25 A 恒流的能力。根据国标规定，蓄电池在（25±2）℃的条件下，以 25 A 的额定电流恒流放电至单格终止电压 1.75 V（整个电池终止电压为 10.5 V）时的放电持续时间，称为蓄电池的储备容量，单位为 min。

（2）蓄电池种类。

由于使用电解液不同，起动型蓄电池分为酸性和碱性。铅酸蓄电池结构简单，价格低廉，易于满足大量生产的汽车的需要；同时，其内阻小，起动性能好，能在短时间内供给起动机所需要的大电流，因此在汽车上得到广泛的应用。

铅酸蓄电池的类型包括普通蓄电池、干荷电蓄电池、免维护蓄电池、胶体蓄电池等，现在比较常用的为免维护铅酸蓄电池。

免维护蓄电池由于自身结构上的优势，电解液的消耗量非常小，在使用寿命内基本不需要补充蒸馏水。它还具有耐振、耐高温、体积小、自放电小的特点。使用寿命一般为普通蓄电池的两倍，如图 1-4 所示。

图 1-4 免维护蓄电池

胶体蓄电池是指在电解液硫酸中加入硅酸溶胶，使电解液成为胶状物的蓄电池。优点是可防止电解液泄漏、循环稳定性高（充电和放电过程的次数）、免维护、只产生很少量的气体。

电解液被固化在超细玻璃纤维中的蓄电池被称为 AGM 蓄电池（Absorbent Glass Mat Battery）。说到 AGM 蓄电池就要提到一种由超细网状玻璃纤维构成的纤维板。这种纤维板非常容易浸润硫酸，而且吸附能力很强，可以实现隔板的功能。全部的电解液都被吸附在纤维板上。因此，AGM 蓄电池能够防止电解液泄漏。AGM 蓄电池在有起停功能的车辆中得到了广泛应用。

除铅酸蓄电池外，体积小、重量轻的锂电池在高性能车和跑车上有较好的应用，缺点是价格贵、安全性也相对差一些。

（3）蓄电池结构。

铅酸蓄电池是在盛有稀硫酸的容器中插入两组极板而构成的电能储存器，它由极板、隔板、外壳、电解液等部分组成。容器分为 6 格，每格里装有电解液，正、负极板组浸入电解液中成为单格电池。每个单格电池的标称电压为 2 V，6 格串联起来成为 12 V 蓄电池。蓄电池的结构如图 1-5 所示。

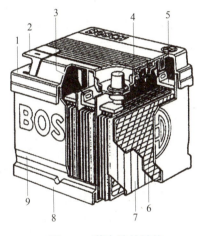

图 1-5　蓄电池的结构

蓄电池结构与原理

1—盖板；2—柱盖板；3—分电池连接板；4—极柱；5—极板条；6—负极板；
7—正极板；8—固定座；9—外壳

① 极板组。

极板组主要由正极板、负极板和隔板组成，其结构如图 1-6 所示。

a. 极板。

极板是蓄电池的核心部分，由栅架和活性物质组成，可分为正极板和负极板，正极板呈棕红色（PbO_2），负极板为青灰色海绵状的纯铅（Pb）。栅架是极板的骨架，其主要成分为铅（Pb），加入 5%~12% 的锑制成。

b. 隔板。

在正极板与负极板间使用一片多孔材质的绝缘板来分隔，称为隔板。其材质有木材、微孔硬橡胶、合成树脂、玻璃强化纤维板、玻璃纤维板等。目前，以使用微孔硬橡胶及玻璃纤维板等较多，如图1-7所示。隔板一面平滑，须面向负极板；另一面有槽沟，面向正极板，使脱落的活性物质能够掉入沉淀室中。将多块正极板及负极板分别用联条结成一体，正、负极板间插入隔板，即形成极板组，每一分电池中放置一组极板组。极板组中负极板比正极板多一片，即正极板的两面都要有负极板，因正极板充、放电时的膨胀率大，若仅有一面作用，容易弯曲损坏，负极板则不会，故极板组中的极板数均为单数。

图1-6 极板

1—隔板；2—正极板；3—负极板

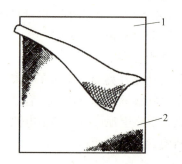

图1-7 隔板

1—隔板；2—玻璃纤维板

② 电解液。

a. 液态电解液。

铅酸蓄电池的电解液，是由相对密度1.84 g/cm³的纯硫酸和蒸馏水配制而成的，密度一般在1.24~1.31 g/cm³。电解液的纯度是影响蓄电池的电气性能和使用寿命的重要因素。

在完全充满电的情况下，硫酸的比例约为38%，其余的部分为蒸馏水。由于具有带电离子，这种电解液能够在电极之间传导电流。电解液的额定密度随着蓄电池充电状态的改变而改变。电解液密度、充电状态和电压的关系如表1-2所示。

表1-2 电解液密度、充电状态和电压的关系

电解液密度/(g·cm^{-3})	充电状态/%	电压/V
1.28	100	12.7
1.21	60	12.3
1.18	40	12.1
1.10	0	11.7

b. 固态电解液。

为了避免电解质溢出导致损坏，可以采用固态的电解液。为此可用一种胶凝剂来使电解液变为固态。通过在硫酸中加入硅酸溶胶可以使电解液固成胶状。另一种固化电解液的方式是用玻璃纤维来充当隔板。这种纤维能够束缚住电解液，当蓄电池外壳损坏时可以防止电解液流出。

③ 壳体和上盖板。

壳体和上盖板的结构如图1-8（a）所示。旧型蓄电池每一分电池的中央均有一个加水通气盖，使用螺纹连接在盖板上，上有通气孔，构造如图1-8（b）所示。

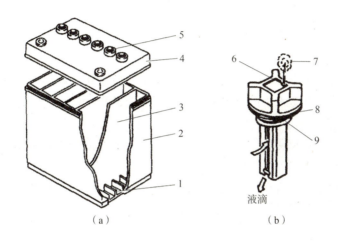

图1-8 蓄电池壳体及通气加注孔盖

（a）壳体和上盖板；（b）通气加注孔盖

1—肋条；2—蓄电池壳体；3—隔板；4—盖；5—加液孔盖；6—通气孔；7—气体；8—垫片；9—螺纹

其功用为：

供添加蒸馏水或供检验电解液用。

在充电时，使产生的氢气及氧气能逸出，以防聚积过多气体而发生爆炸。

现代汽车用蓄电池多为免维护蓄电池，其盖板上无加水通气盖。但仍有部分免维护蓄电池设有加水盖，其盖顶部与蓄电池盖板表面平齐，或有的装在盖板表面以下。

④ 联条和极柱。

联条和极柱的结构如图1-9所示。联条的作用是将分电池串联起来，提高整个电池的端电压。普通电池联条的串联方式一般是外露式，而新型蓄电池联条的串联方式是封闭式。

蓄电池顶部有两个板柱露出，是将各分电池的极板串联后，成为输出或输入的总接头。为了便于识别，极柱的上方或旁边刻有"+""-"标记，也有的在正极柱上涂有红色油漆。

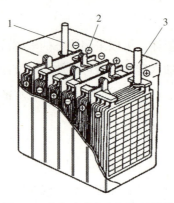

图 1-9 蓄电池联条和极柱的结构

1—负极柱；2—联条；3—正极柱

⑤魔术眼（电眼、观察孔）。

魔术眼可以通过一个颜色指示器提供有关蓄电池电量状态和酸液液位的信息。其也叫电眼，或者观察孔。有魔术眼的蓄电池，都会有相应的指示标识，什么颜色对应蓄电池什么状态，如图 1-10 所示。

注意：蓄电池的魔术眼只有一个，它是通过对某个单格电池的检查，来反映整个蓄电池的负荷情况，所以有一定局限性。

另外，在利用魔术眼进行目测之前，请用螺丝起子的手柄小心敲打电眼。任何气泡都会造成色散影响指示器的检测。气泡去除后，电眼的颜色显示更加准确。

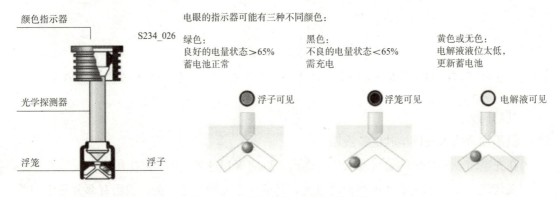

图 1-10 观察孔的结构及工作原理

蓄电池的魔术眼除了上文介绍的单色魔术眼外，也有不同的魔术眼，比如双色魔术眼。通过魔术眼判断蓄电池基本状态时，魔术眼旁边的外观标识会对颜色的含义进行说明。

（4）蓄电池的目测检查。

在进行全面测量之前，务必通过目测检查蓄电池的外部状态、接口和位置是否固定。如果未正确固定蓄电池，可能导致其损坏。振荡损伤会缩短蓄电池的使用寿命，存在爆炸危险，可能导致隔板损坏，而且固定卡可能损坏蓄电池壳体。检查蓄电池是否牢固，必要时以规定的拧紧力矩拧紧紧固螺栓。

通过目检应确定：

① 蓄电池壳体是否损坏。壳体受损可能会导致电解液流出。流出的蓄电池电解液可能会对车辆造成严重损坏。迅速用电解液中和剂或肥皂液处理电解液接触到的所有部件。

② 蓄电池电极（蓄电池导线接口）是否损坏。由于蓄电池电极损坏，无法确保蓄电池电极接线端接触良好。连接蓄电池接线端时，请使用相应车辆维修手册"电气设备"中规定的拧紧力矩。如果蓄电池电极接线端未正确插入并拧紧，可能导致烧坏线路。这样就会造成设备出现严重的功能故障，从而无法确保汽车的安全运行。

任务 1.1.2 蓄电池跨接起动

1. 工作表 蓄电池跨接起动

（1）找到蓄电池的安装位置，确认待救援车辆类型。
① 找到并记录实训车辆的蓄电池安装位置。
_____
_____

② 确定实训车辆的变速器类型（自动挡 / 手动挡）：_____
_____
_____

③ 连接跨接线后，需要起动车辆，自动挡车辆和手动挡车辆的起动过程并不相同，描述不同车辆的起动过程。
_____
_____

（2）完成跨接起动连线，完成跨接起动。
① 正确连接跨接线，记录连接顺序及位置。
_____
_____

② 完成跨接起动过程，记录操作步骤。
_____
_____

（3）查找相关资料，结合实际操作，记录并解释比较重要的注意事项。
_____
_____

（4）如果是手动挡车型，在无法进行跨接起动时，还可以牵引 / 推动车辆进行起动，若实训条件允许，则进行该实训，记录操作步骤。
_____
_____

2. 参考信息

（1）蓄电池的安装位置。

蓄电池是一种将化学能转变为电能的装置，属于可逆的直流电源。用于汽车上的蓄电池，必须满足起动发动机的需要，即在 5~10 s 的短时间内，提供汽车起动机足够大的电流。汽油机起动电流为 200~600 A，有的柴油机起动电流达 1 000 A。

蓄电池一般安装在车辆前机舱里，随着车辆技术对蓄电池性能提出的更高要求，新型蓄电池对温度等环境提出了更高的要求，现在有的蓄电池也安装在车辆驾驶室下或者后备厢底部，蓄电池安装位置如图1-11所示。

图1-11　蓄电池安装位置

（2）车辆起动条件。

自动挡车型起动车辆需要挡位在P/N挡、踩下制动踏板、起动点火开关。手动挡车型需要挡位在空挡踩下离合、起动点火开关。

（3）跨接起动工作流程。

① 连接跨接线。

连接跨接线的顺序：先正后负，先接被救车正极，救援车正极，之后是救援车负极，被救车发动机搭铁。

② 起动车辆。

起动车辆的顺序：先起动施救车辆，后起动被救车辆。

③ 拆卸跨接线。

按相反顺序拆卸跨接线。

（4）跨接起动的注意事项。

① 供电蓄电池的电压必须与无电蓄电池车辆的电压（12 V）相同，两蓄电池的容量也须大致相同（见蓄电池上标注的规格）。

② 注意正确识别蓄电池正负极，防止蓄电池连接线的短路，如图1-12所示。

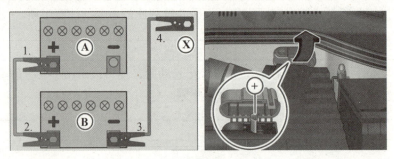

图1-12　A为无电蓄电池，B为供电蓄电池

③ 某些车辆的跨接电缆连接点（正极）位于发动机舱内一彩色盖板下面，如图1-12所示，与车辆蓄电池正极接线柱连接的跨接电缆不得与车辆的金属部件接触。

④ 将黑色另一端X连接到无电蓄电池车辆发动机缸体上的螺栓连接金属部件上或直

接连接到缸体上。注意连接点不要离蓄电池 A 太近。连接跨接电缆时须妥善安置跨接电缆，注意勿使电缆与发动机运动部件接触，切不可将负极电缆连接到燃油系统部件或制动管路上。

⑤ 跨接电缆必须符合 DIN 72553 标准（或其他厂家文件规定的标准），电缆的横截面面积不得小于 25 mm^2（汽油发动机）和 35 mm^2（柴油发动机）。

⑥ 切不可对结冰或结冰后又融化的蓄电池充电！注意，无电蓄电池在 0 ℃即可能结冰，结冰或解冻的蓄电池必须更换！

⑦ 跨接起动发动机时会产生高易爆性混合气！故车辆蓄电池附近不得有明火、火花、无罩灯、静电，不得吸烟。连接或断开跨接电缆时不得使用移动电话。

⑧ 必须在通风良好的室内进行跨接起动，因跨接起动发动机时蓄电池会产生高易爆性混合气体。

⑨ 连接跨接电缆时须妥善安置跨接电缆，注意勿使电缆与发动机运动部件接触。注意不要混淆蓄电池的正 / 负极性或接错电缆。

⑩ 务必按跨接电缆制造商的使用说明进行操作。

⑪ 如果近光灯处于接通状态，拆卸跨接电缆前，必须关闭近光灯。

⑫ 打开无电蓄电池车辆的鼓风机和后风窗加热器，降低拆卸跨接电缆时产生的电压峰值。

⑬ 两车不得相互接触，否则，一旦连接正极，电流立即流通。

（5）手动挡车辆牵引 / 推动车辆起动。

如果是手动挡车型，还可以进行牵引 / 推动车辆进行起动。首先需要打开点火开关踩离合，挂 2 挡，关闭其他用电器，有车辆牵引或人在后面推车，车速上来后，猛抬离合器。

任务 1.1.3 蓄电池状态检查

1. 工作表 蓄电池状态检查

（1）使用万用表测量蓄电池静态电压。
① 使用万用表测量电压的步骤及注意事项。
_____
_____

② 记录测量结果并初步判断蓄电池状态。
静态电压值：____V。
初步判断蓄电池状态：_____

③ 蓄电池测量电压时，静态电压值更有意义，请解释静态电压的测量条件及测量结果的意义。
_____
_____

(2) 使用蓄电池检测仪检测蓄电池性能。
① 连接蓄电池检测仪，记录操作步骤。
_____
_____

② 操作蓄电池检测仪，记录操作步骤。
蓄电池位置：_____
蓄电池类型：_____
测量模式选择：_____
参数标准选择：_____
输入参数值：_____
③ 分析测试结果，判断蓄电池状态。
_____
_____

(3) 蓄电池的漏电电流检测。
① 静态电流的测量。
a. 我们都可以使用什么测量工具进行电流的测量？它们在测量过程中最大的不同是什么？
_____
_____

b. 描述测量静态电流值的测量位置。
_____
_____

c. 连接好电流感应钳或万用表后，需要模拟实训车辆锁车状态，等待车辆休眠后，方能测得准确的静态电流值，记录模拟锁车步骤。
_____
_____

② 车辆休眠状态的判断。
方法一　用诊断仪读取网关的测量值（选五个写出即可，或根据教师要求填写），填写下表。

序号	读取控制单元	测量值名称	测量值
1			
2			
3			
4			
5			

读取过程中发现，此时蓝牙插头接在诊断接口上，所以，_____总线和_____总线无法正常进入休眠状态，可以忽略。

方法二 用示波器读取舒适总线波形图。

查找电路图，找到舒适总线位置，并将DSO1电缆连接至舒适总线，将电路简图和舒适总线波形图绘制如下：

_____

_____

③ 总线休眠后，读取静态电流值，判断车辆是否漏电。

_____

④ 车辆不漏电，也会存在比较小的静态电流值，请解释原因。

_____

_____

2. 参考信息

（1）蓄电池的工作原理。

如果我们往柳橙或苹果等水果中插入两种不同金属就能产生使得小功率用电器工作的电流，金属与水果汁液产生化学反应会使得电子定向移动，形成电流，如图1-13所示。常用蓄电池的放电过程就是相似的道理。不同材质的蓄电池单体电压不同，如表1-3所示。

水果电池

图1-13 水果电池

表1-3 各种不同型号蓄电池的比较（温度25℃）

蓄电池类型	单体电压/V	单位体积蓄电池/（Wh·dm^{-3}）	单位质量蓄电量/（Wh·kg^{-3}）
铅酸蓄电池	2.08	70	35
镍金属氢蓄电池	1.32	180	75
锂离子蓄电池	2.5~4.2；典型3.6	300	150

蓄电池的放电即为将电能从蓄电池中释放的过程。放电的过程中也就是将化学能转化为电能的过程。将用电器接在正负极板之间，正负极板的活性物质就会与电解液发生化学反应。汽车蓄电池常采用铅酸蓄电池。具体的化学反应是负极板活性材料铅和正极板活性材料二氧化铅反应生成硫酸铅和水。反应过程中电子会产生从负极板向正极板的定向移动，就形成了使得用电器工作的电流。电解液中的硫酸逐渐减少，而水逐渐增多，电解液相对密度下降。如图1-14所示。

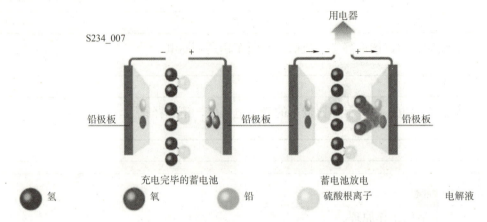

图1-14　蓄电池的放电过程

充电即为将电能导入蓄电池的过程。充电的过程中也就是将电能转化为化学能的过程。将电源接在正负极板之间，当电源电压高于蓄电池的电动势时，在电源力的作用下，电流将以相反的方向通过蓄电池，即由蓄电池的正极流入，从蓄电池的负极流出，也就是电子由正极板经外电路流往负极板。这时正负极板发生的化学反应正好与放电过程相反。硫酸铅和水在充电过程中，正负极板上的硫酸铅将逐渐恢复为二氧化铅和铅，电解液中的硫酸成分逐渐增多，水逐渐减少。充满电的蓄电池，继续通过充电电流后，电解液中的水会被电解，产生大量的氢气和氧气。如图1-15所示。

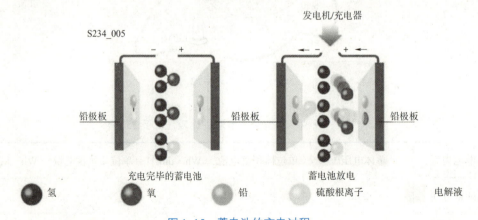

图1-15　蓄电池的充电过程

（2）蓄电池性能检测。

可以使用万用表和蓄电池检测仪对蓄电池进行检测。

① 使用万用表测量蓄电池静态电压。

使用万用表对静态电压进行测量是一种比较简单方便的初步判定蓄电池电量的方法。测量前至少 2 h 内不可对蓄电池进行放电或充电。在这个时间段里进行充电或放电会使测量结果不正确。测量结果如表 1-4 所示。

表 1-4　静态电压测量结果说明

静态电压	充电状态	蓄电池状态
11.70 V	0%	放电，用尽所有电量。过度放电的蓄电池
12.20 V	50%	逐渐形成固体状的硫酸盐晶体，硫酸盐晶体只能通过较多的能量供给才能再次溶解。同时活化的块状物迅速膨胀，产生裂纹，并由此导致正极栅格腐蚀加剧
12.35 V	65%	对于带观察孔的蓄电池，显示会从绿色变换成黑色。 对于新车/库存汽车，应给蓄电池充电
12.70 V	100%	全电量

② 使用蓄电池检测仪检测蓄电池性能。

蓄电池检测仪的种类有很多，在教学组织过程中，可以根据实际实训条件，选择合适的检测仪，配合使用说明书进行蓄电池的自身检测。如图 1-16 所示。

图 1-16　蓄电池检测仪

使用蓄电池检测仪的注意事项：

a. 使用蓄电池检测仪进行蓄电池检测时，不同的蓄电池检测仪使用方法略有不同，需要仔细阅读说明书。

b. 索赔模式的打印凭据可以作为 4S 店索赔的证据。

测试结果如表 1-5 所示。

蓄电池性能检测

表 1-5　蓄电池检测仪测量结果说明

结　果	说　明
电池良好	好蓄电池，继续使用
良好-需充电	好蓄电池但需要给蓄电池充满电，然后继续使用

续表

结　果	说　明
更换电池	更换蓄电池。更换蓄电池有可能因为汽车的电缆与蓄电池之间连接不良。在拆掉汽车蓄电池电缆与蓄电池连接之后，请使用车外模式再次测试蓄电池，然后决定是否需要更换
坏格电池-需更换	蓄电池坏格，更换蓄电池

（3）蓄电池的漏电电流检测。

① 静态电流定义。

静态电流是点火开关关闭且汽车上锁后流经的电流，车辆的总线系统处于休眠模式。

车辆是否漏电可通过测量静态电流来判断。静态电流一般不超过 20~50 mA，此电流值是常供电时钟、控制单元存储等常供电用电器的工作电流。实际数值取决于车辆使用年限和规格。除特殊情况外，一般静态电流超过 70 mA，需查找故障原因。

② 蓄电池的漏电电流检测。

可以使用万用表电流挡或电流感应钳在蓄电池负极电缆处测量车辆的静态电流，根据静态电流值大小，判断车辆是否漏电。

蓄电池漏电电流测量

静态电流是点火开关关闭且汽车上锁后流经的电流，车辆的总线系统处于休眠模式。静态电流一般不超过 20~50 mA，此电流值是常供电时钟、控制单元存储等常供电用电器的工作电流。实际数值取决于车辆使用年限和规格。除特殊情况外，一般静态电流超过 70 mA，则可以判定车辆漏电，需查找故障原因。

使用万用表进行静态电流测量时要注意，蓄电池负极不能随意断开，会产生不确定因素，影响测量结果，需要采用辅助导线来实现不断电测量，并保证万用表电流挡良好。检测万用表电流挡好坏可以用一个试灯，将万用表电流挡时的红黑表笔看作导线，连接试灯和电源，试灯亮，则万用表电流挡良好。

连接好电流感应钳或万用表后，需要模拟实训车辆锁车状态，等待车辆休眠后，方能测得准确的静态电流值。模拟锁车顺序和车辆状态变化如表 1-6 所示。

表 1-6　模拟锁车顺序和车辆状态变化

模拟锁车顺序	车辆状态变化
卡住前机舱盖	仪表板正常亮
关闭点火开关	仪表板熄灭
卡住门锁	仪表板车门打开的图形消失
车外锁车	车辆双闪一下

锁车后，等待仪表板熄灭/挡位部分照明灯熄灭/驻车按钮灯熄灭，此时可认为车辆进入休眠状态。

车上的电是从电源正极出发，经过多级熔断器，逐级分配给控制单元和用电器的，每个用电器所经过的电流也经过熔断器，如果某个熔断器在总线休眠后还依然有电流通过，这就是漏电，所以可以通过对熔断器进行操作以找到漏电位置。

常见的检测方法有两种，一种是熔断法，这是一种在实际工作中常用的方法。具体操作过程是依次拔掉不同的熔断器，观察静态电流变化，如果电流变小，则该熔断器所在电路漏电。

另一种更专业的查找漏电位置的方法是：通过测试熔断器两端电压，然后用下面的表格查找该熔断器流过的电流值，如表1-7所示，从而判断，该熔断器所在电路电流值是否过大，也就是这部分电路是否漏电。

此方法需要注意的是测试电压值很小，需要使用精度较高的万用表，比如大众专用工具VAG1526E。

表1-7 熔断器电压与电流对应表

测量值/mV	迷你	迷你	迷你	标准	标准	标准	标准	标准	标准
0.0	5	7.5	10	5	10	15	20	25	30
0.1	6	10	14	7	13	23	30	47	62
0.2	12	20	28	13	27	45	61	94	123
0.3	18	30	43	20	40	68	91	141	185
0.4	24	40	57	26	54	91	122	188	246
0.5	30	50	71	33	67	113	152	235	308
0.6	36	60	85	40	80	136	183	281	370
0.7	42	70	99	46	94	158	213	328	431
0.8	48	80	114	53	107	181	244	375	493
0.9	54	90	128	59	120	204	274	422	554
1.0	60	100	142	66	134	226	305	469	616
1.1	66	110	156	73	147	249	335	516	677
1.2	72	120	171	79	161	272	366	563	739
1.3	78	130	185	86	174	294	396	610	801
1.4	84	140	199	92	187	317	427	657	862
1.5	90	150	213	99	201	340	457	704	924

③ 电流感应钳使用注意事项。

电流感应钳在测量电流时不需要破坏电路，使用时应注意以下几点：

测量前将电流感应钳空置进行校准。

如果在电流感应钳有电流通过时进行校准，则该电流被设为0值，之后的测量结果就不再准确。

待测导线应为单根或同方向的一束，不可夹在方向不同的多根导线上。

夹好后电流感应钳应处于闭合状态，100 A的电流感应钳完全闭合时红色指示灯熄灭。

1 800 A 电流感应钳无指示灯，需要观察是否夹好。

电流感应钳箭头最好和电流方向一致，此时数值为正，若方向不一致，数值为负。

诊断仪测量模式可以有两种方式显示电流读数，分别是万用表模式和示波器模式，万用表模式下，选择 SZ，就可以看到电流读数；示波器模式下，选择 SZ 通道，就可以看到电流随时间变化的波形，调节合适的横纵坐标读数，可以得到更合适的波形图。

④ 诊断仪使用指南。

诊断仪在现代车辆汽车检测与维修过程中使用广泛，不同品牌均配备专用诊断仪，市面上也有各种通用示波器，本教材以大众专用工具诊断仪 VAS6150 为例给出诊断仪使用指南。

诊断仪 VAS6150 是大众专用工具，可以对车辆进行诊断、编码等，并可以配合 VAS6356 实现测量功能，这里介绍诊断仪在故障诊断过程中常见的两种功能：读取故障码和读取测量值的过程。

a. 读取故障码（删除故障码）。

连接蓝牙插头→打开点火开关→识别车辆信息→控制单元识别→控制单元自诊断→故障存储器→现在→删除下的故障存储器按钮→现在，如图 1-17 所示。

图 1-17　诊断仪读取故障码截图

b. 读取测量值。

方法一　连接蓝牙插头→打开点火开关→识别车辆信息→控制单元识别→引导性功能→读取测量值。

方法二　连接蓝牙插头→打开点火开关→识别车辆信息→控制单元识别→控制单元自诊断→读取测量值。如图 1-18 所示。

c. 匹配。

连接蓝牙插头→打开点火开关→识别车辆信息→控制单元识别→控制单元自诊断→匹配→输入值→接收（左下角）。如图 1-19 所示。

图1-18 诊断仪读取测量值截图

图1-19 诊断仪进行匹配值截图

任务1.1.4 蓄电池充电

1. 工作表 蓄电池充电

（1）记录选用的充电机_____。

（2）记录充电作业步骤，完成蓄电池充电过程。

_____

_____

（3）查找资料，结合实际操作过程，记录注意事项。

_____

_____

2. 参考信息

(1) 蓄电池的充放电特性。

① 放电终了特性如图1-20（a）所示。

单格电池电压下降至放电终止电压，以20 h放电率放电，单格电池电压降至1.75 V。

电解液密度下降至最小的许可值，大约为1.11 g/cm³。

② 充电终了特性如图1-20（b）所示。

端电压和电解液密度均上升至最大值，且2 h内基本不变。

蓄电池剧烈放出大量气泡，电解液沸腾。

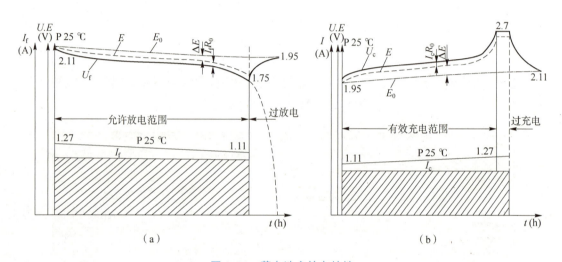

图1-20　蓄电池充放电特性

（a）放电终了特性；（b）充电终了特性

(2) 蓄电池的充电方法。

蓄电池的充电可分为定流充电、定压充电和脉冲快速充电三种不同的充电方法，应根据具体情况正确选择充电方法。

① 定流充电。

在充电过程中，充电电流保持一定的充电方法称为定流充电。由于充电过程中蓄电池电动势随充电时间的增加而升高，因此定流充电过程需逐步提高充电电压，当单格电池电压上升至2.4 V，电解液开始有气泡冒出时，应将电流减半，直至完全充足电。

充电容量大小为 (1/15~1/10) C_{20}。

定流充电有较大的适应性，可以对新蓄电池的初充电、使用中的蓄电池补充充电、去硫充电等。定流充电的不足之处在于需要经常调节充电电流，充电时间长。

② 定压充电。

蓄电池在充电过程中，直流电源电压保持不变的充电方法称为定压充电。定压充电时，充电电流很大，充电开始之后4~5 h蓄电池就可以获得本身容量的90%~95%，因而可以大大缩短充电时间。

采用定压充电时，应注意选择充电电压。电压选择过高会造成充电初期充电电流过大和发生过充电现象，造成极板损坏；电压选择过低则会使蓄电池充电不足。一般单格电池充电电压定为 2.5 V，即蓄电池的充电电压应为（14.80±0.05）V（6 格电池）或（7.40±0.05）V（3 格电池）。此外，充电初期最大充电电流不应超过 $0.3C_{20}$（A），否则应适当调低充电电压，待蓄电池电动势升高后再将充电电压调整到规定值。

定压充电的充电时间短，充电进行中不需要人照管，适用于蓄电池补充充电，在汽车修理行业被广泛采用。但定压充电不能调整充电电流的大小，所以适应性较小，且不能将蓄电池完全充足，故只适用于蓄电池补充充电。定压充电要求所有参与充电的蓄电池的电压完全相同。

③脉冲快速充电。

脉冲快速充电是利用蓄电池充电初期可接收大电流的特点，采用（0.8~1）C_{20} 的大电流对蓄电池进行定流充电，使蓄电池在短时间内充入 60% 左右的容量；当单格电池电压达 2.4 V，电解液开始冒气泡时，则通过脉冲快速充电方法消除极化。脉冲快速充电电流波形如图 1-21 所示。脉冲快速充电阶段控制方法是，先停止充电 25 ms 左右，使欧姆极化消失，浓差极化也由于扩散作用而部分消失；接着再反充电，反充电的脉宽一般为 150~1 000 μs，脉幅为 1.5~3 倍的充电电流，以消除电化学极化的电荷积累和极板孔隙中形成的气体，并进一步消除浓差极化；接着再停止充电 25 ms 后进行正脉冲快速充电，周而复始。

脉冲快速充电的优点是可以缩短充电时间、空气污染小、省电。在蓄电池集中、充电频繁或应急部门使用脉冲快速充电时，更能发挥其效率。脉冲快速充电的缺点是不能将蓄电池完全充足，且对蓄电池的寿命有不利影响。

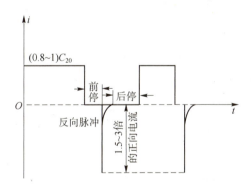

图 1-21　脉冲快速充电电流波形

该充电方法的显著特点是充电速度快，即充电时间大大缩短。但其缺点是充电速度快，易使活性物质脱落，因而对蓄电池的使用寿命会有一定影响。

（3）蓄电池充电注意事项。

①电眼呈淡黄色时，严禁对蓄电池进行充电，在进行充电时存在爆炸危险，必须更换蓄电池。

②充电过程中不能离人，如果出现过热等其他情况要及时断电，人走要及时断电，

以保证安全。

任务 1.1.5 蓄电池更换

1. 工作表 蓄电池更换

（1）蓄电池的拆卸。

查找实训车辆的维修手册，找到蓄电池拆卸的具体步骤，整理记录并完成蓄电池拆卸作业。

实训车辆车型：_____

_____

_____

_____

（2）蓄电池的安装。

查找实训车辆维修手册，找到蓄电池安装的具体步骤，整理记录并完成蓄电池安装作业。

实训车辆车型：_____

_____

_____

_____

（3）更换蓄电池的匹配工作。

蓄电池负极处安装传感器或控制单元的车辆在安装新蓄电池后，需要进行匹配，按照维修手册要求，使用诊断仪对新更换蓄电池进行匹配，记录作业步骤。

实训车辆车型：_____

_____

_____

_____

2. 参考信息

（1）蓄电池更换。

蓄电池的更换需要对蓄电池进行拆卸和安装，操作过程应严格按照实训车辆维修手册指导进行。此处以迈腾 Magotan B8L 2016 车型为例，描述蓄电池拆卸步骤如下，如图 1-22 所示。

① 关闭点火开关。

② 将点火钥匙置于车外，以免意外接通点火开关。

③ 打开发动机舱盖。

④ 打开隔热套盖。

⑤ 打开蓄电池负极上方的盖板。

⑥ 将螺母松开几圈，并从蓄电池负极接地线上拔下蓄电池接线端。

⑦ 将螺母旋开几圈并将蓄电池正极线接线端从蓄电池正极上拔下。
⑧ 将隔热套略微向上拉。
⑨ 旋出固定支架上的螺栓。
⑩ 取下固定支架。
⑪ 沿行驶方向从蓄电池支架中拉出蓄电池并向上从发动机舱中取出。

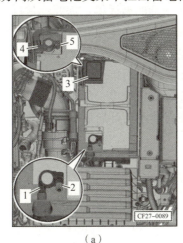 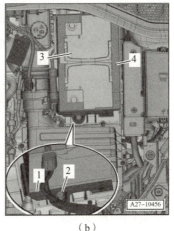

（a）　　　　　　　　　　　（b）

图 1-22　蓄电池拆装部件示意图

（a）步骤（①~⑦）配图；（b）步骤（⑧~⑩）配图

1—固定支架；2，5—螺栓螺母；3—蓄电池盖板；4—接线端

安装以倒序进行。

（2）蓄电池安装注意事项。

① 如果蓄电池安装不牢固，则可能产生以下危害：

a. 由于振荡造成蓄电池损坏（爆炸危险），会缩短蓄电池的使用寿命。

b. 如果蓄电池固定不正确，将导致蓄电池栅格板损坏。

c. 蓄电池壳体被固定卡子损坏（有可能出现电解液泄漏，后果严重）。

d. 碰撞安全性不够。

② 安装蓄电池电极接线端时需要注意：

a. 只允许用手插上蓄电池电极接线端，且不能用力过度。

b. 蓄电池极上不能有油脂。

c. 在安装蓄电池电极接线端时，蓄电池电极应与接线端平齐或者从接线端中露出电极。

d. 用规定的拧紧力矩拧紧蓄电池接线端后不允许对此螺栓连接再拧紧。

③ 蓄电池的拆装过程要严格按照维修手册的步骤进行，注意流程标准化。

④ 涉及蓄电池的相关操作要避免不必要的安全隐患。

（三）任务拓展

蓄电池使用与维护：

车辆在运行过程中，蓄电池必须不断地由发电机进行充电。如果蓄电池需提供大量能

量,则蓄电池很快变得"无力",蓄电池的充电效率也随之变低。

蓄电池在使用过程中常见以下问题:

(1)使用中最常见的故障是客户经常短距离驾驶。

(2)人为忘记关闭用电器而造成的放电。

(3)ON 挡使用用电器。

这种情况一般发生在教学过程中,或销售车辆的展厅等,需要经常打开点火开关,但并不起动车辆,会造成大电流放电。建议此种情况始终连接有抗续流能力的充电机。

(4)怠速大负荷时,发电量不足导致放电。

经常发生在冬季极寒、夏季极热的情况下,用户可能会怠速在车内打开制冷或制热的大用电器,长时间怠速运转等待,此时可能造成过度放电。发电机随着转速的增加会提高发电量,在怠速时发电能力相对较弱,建议在怠速不要开启过多的用电器。

三、参考书目

序列	书名,材料名称	说明
1	《汽车电气系统故障诊断与维修》	主编 张军 高等教育出版社
2	实训车辆用户手册、维修手册	迈腾使用手册　　迈腾 B8 维修手册 1　　迈腾 B8 维修手册 2

任务 1.2　发电机故障警告灯常亮故障诊断与维修

一、任务信息

任务1.2　发电机故障警告灯常亮故障诊断与维修			
任务难度	初级		
学时	8学时	班级	
成绩		日期	
姓名		教师签名	
案例导入	1. 车主抱怨，仪表上突然出现"蓄电池形状"的故障警告灯，汽车是否能够继续行驶？蓄电池无故障，需要对发电机进行检查。 2. 车主抱怨，仪表上突然出现"蓄电池形状"的故障警告灯，汽车是否能够继续行驶？蓄电池无故障，需要对电源电路（充电电路、信号电路）进行检查。 作为维修技师，请你帮助客户解决以上问题		
能力目标	知识	1. 了解电源智能管理系统新技术。 2. 掌握电源系统（发电机）构成、原理、检测维修方法。 3. 掌握充电指示灯常亮故障诊断方法和流程	
	技能	1. 能够正确检测维修发电机及电源系统电路。 2. 能够独立完成"1+X"考核点发电机零部件检测、充电电路检测。 3. 能够对充电指示灯常亮故障进行诊断维修	
	素养	1. 具有安全意识、环保意识、法律意识。 2. 具有良好的团队合作精神、以客户为中心的敬客经营的职业精神。 3. 具有严谨、规范、精益求精的大国工匠精神。 4. 具有科技报国的家国情怀和使命担当。 5. 具有正确的劳动观点和劳动态度，具有爱岗敬业、吃苦耐劳的精神	

二、任务流程

（一）任务准备

如果做发电机故障诊断与维修，需要做哪些准备工作？需要准备哪些工具？具体的操作步骤有哪些？请查看以下二维码进行学习。

发电机输出电压电流及充电电压电流测量

发电机控制信号测量

(二)任务实施

任务 1.2.1 发电机工作状态检测

1. 工作表 发电机工作状态检测、电源系统充电电压及电流测量

(1) 发电机输出电压及电流检测、电源系统充电电压及电流测量。

① 记录实训车辆信息。

品牌		整车型号		生产日期	
发动机型号		发动机排量		行驶里程	
车辆识别码					

② 查找电路图和维修手册,画出测量点电路简图并描述测量位置。

③ 将万用表正负极连接好测量位置后,开始进行测量,根据测量条件记录测量结果。

测量条件	发电电压/V	发电电流/A	充电电压/V	充电电流/A
打开点火开关				
起动车辆				
加油				
打开空调				
打开车灯				
打开玻璃升降器				
左打死/右打死				
加油				
关闭用电器				
保持转速在 2 000 r/min				
熄火				

④ 对测量结果进行分析,总结发电电压和电流变化规律、电源系统充电电压及电流变化规律,判断发电机发电状态及电源系统充电状态。

（2）发电机拆卸。

查找实训车辆的维修手册，找到发电机拆卸的具体步骤，整理记录并完成发电机拆卸作业。

实训车辆车型：_____

_____

_____

（3）将拆卸下来的发电机进行解体，将发电机的各个部分填在下图中的方框里，并写出各部分的作用。

_____

_____

（4）对解体后的发电机散件进行检测，填写下表。

检测位置	检测工具	检测方法	检测结果
励磁绕组			
电枢绕组			
电刷与刷架			
整流器			

（5）将发电机组装完毕。

（6）将发电机安装回实训车辆。

查找实训车辆的维修手册，找到发电机安装的具体步骤，整理记录并完成发电机安装作业。

实训车辆车型：_____

_____

_____

2. 参考信息

（1）发电机位置。

汽车发电机安装在汽车发动机侧面，通过皮带与发动机曲轴相连，在车上位置，如图1-23所示。

图1-23　发电机位置

（2）发电机作用。

在发动机正常运转时，发电机向所有用电设备（起动机除外）供电，同时向蓄电池充电，原理图如图1-24所示。

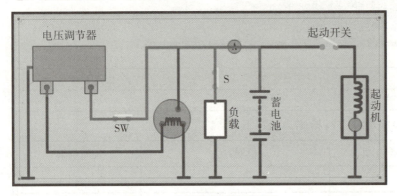

图1-24　电源电路结构原理图

发电机的结构及工作原理

（3）发电机的结构。

汽车用交流发电机由转子总成、定子总成、皮带轮、壳体、散热风扇、整流器（三相整流桥）和电压调节器组成，如图1-25所示。

① 转子总成。

转子是交流发电机的磁极部分，其构造如图1-26所示。两块爪极压装在转子轴上，爪极的空腔内装有磁轭并绕有磁场绕组，磁场绕组的两引出线分别焊接在与转子轴绝缘的两个铜制集电环上。磁场绕组通过与集电环接触的两个电刷引入直流电，产生磁场，将爪极磁化。被磁化的爪极其中一块为N极，另一块为S极，使转子形成4~8对磁极，国产交流发电机多为6对磁极。将转子爪极设计成鸟嘴形是为了使磁场呈正弦分布，以使电枢绕组产生的感应电动势有较好的正弦波形。

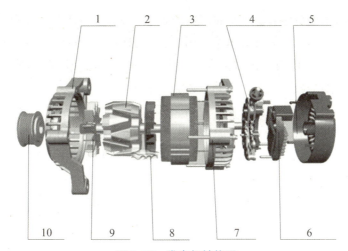

图 1-25 发电机结构图

1—前端盖；2—转子；3—定子；4—三相整流桥；5—后外罩；6—电压调节器；7—后端盖；
8—后风扇；9—前风扇；10—皮带轮

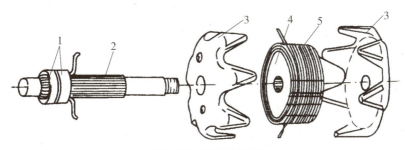

图 1-26 转子的组成

1—集电环；2—转子轴；3—爪极；4—磁轭；5—磁场绕组

② 定子总成。

定子是交流发电机的电枢部分，是产生三相交流电的部件。定子由铁芯与绕组组成，其构造如图 1-27 所示。

图 1-27 定子的组成

铁芯用内侧带槽的硅钢片或低碳钢板叠合而成。为防止磁损失，硅钢片两侧涂绝缘漆或进行氧化处理。铁芯内圆槽安装电枢绕组，即三相绕组。为保证电枢三相绕组产生大小相等、相位差 120° 电角度的对称电动势，三相绕组的绕制遵循以下原则：

a. 相绕组的线圈个数和每个线圈的匝数应完全相等。

b. 每个线圈的节距必须相同。

c. 三相绕组的起端 A、B、C 在定子槽内的排列必须相隔 120° 电角度。

三相绕组的连接方式分为星形连接和三角形连接两种，如图 1-28 所示。

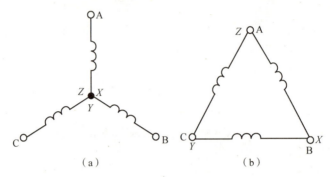

图 1-28　交流发电机三相绕组的连接方式

(a) 星形连接方式；(b) 三角形连接方式

③ 皮带轮、壳体和散热风扇。

交流发电机的前后端盖均由铝合金铸造而成，漏磁少、重量轻、散热性能好。在后端盖上装有电刷组件，它由电刷、电刷架及电刷弹簧组成。电刷用铜粉和石墨粉模压而成，电刷安装在电刷架内，借弹簧的压力与滑环保持接触。

交流发电机前端装有皮带轮，皮带轮连接转子轴，发动机转动时，皮带带动皮带轮，皮带轮带动发电机转子轴进行旋转。

交流发电机一般在前后位置安装两个散热风扇，工作时使发电机内部强行通风散热，后端盖后侧装有薄铝板冲压而成（或尼龙塑料制成）的防护罩，以保护整流器不被损坏。

④ 整流器。

整流器的作用是把交流发电机产生的三相交流电转变成直流电输出，整流器一般由 6 只硅二极管和散热板组成。3 只正极二极管的外壳压装或者焊接在铝合金散热板的三个孔中，共同组成正极板。由固定散热板的螺栓通至外壳外（元件板与外壳绝缘），作为交流发电机的输出接线柱"B"（也有标"+"或"电枢"字样的）。3 只负极二极管的外壳压装或焊接在另一散热板上共同组成负极板，此板与后端盖相接。6 只二极管连接成三相桥式电路，整流器如图 1-29 所示。

⑤ 电压调节器。

为使交流发电机具有稳定的电压输出，应在电源系统中配置电压调节器。其可在发电机转速变化时，将发电机输出的电压控制在规定的范围内。

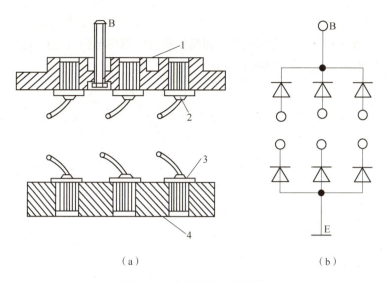

图 1-29 交流发电机整流器

（a）整流二极管安装图；（b）整流二极管电路图
1—正散热板；2—正极管；3—负极管；4—负散热板

（4）工作原理。

① 发电原理。

当蓄电池或发电机作用于磁场绕组两端时（当交流发电机低速运转，发电机输出电压低于蓄电池电动势时，由蓄电池供给磁场绕组激磁电流，称为他励。由于激磁电流较大，磁极磁场很强，从而使发电机很快建立电压。当发电机转速升高，其输出电压高于蓄电池电动势时，磁场绕组的激磁电流由发电机自给，称为自励。），磁场绕组就有电流流过，转子的爪极被磁化，产生磁场，磁感线经定子铁芯构成闭合回路。当转子旋转时，磁感线便切割定子绕组，使三相绕组中产生频率相同、幅值相等、相位互差 120° 电角度的三相交流感应电动势，可用下列方程式表示：

$$e_A = \sqrt{2}\,E_\Phi \sin\omega t$$
$$e_B = \sqrt{2}\,E_\Phi \sin(\omega t - 120°)$$
$$e_C = \sqrt{2}\,E_\Phi \sin(\omega t - 240°)$$

式中，ω 为电角速度（rad/s）；t 为时间（s）；E_Φ 为每项绕组电动势的有效值（V），分别有如下关系式：

$$\omega = 2\pi f$$
$$f = \frac{pn}{60}$$
$$E_\Phi = 4.44 K f N \Phi$$

式中，f 为交流电动势的频率（Hz）；p 为磁极对数；n 为发电机的转速（r/min）；K 为绕组系数，采用整距集中绕组时，$K=1$；N 为每相绕组匝数；Φ 为每极磁通的幅值（Wb）。

② 整流原理。

交流发电机通过6只二极管组成的三相桥式整流电路将电枢绕组产生的三相交流电动势转变为直流输出，其工作原理如图1-30所示。

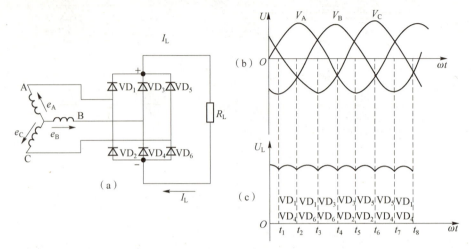

图1-30 三相桥式整流原理

（a）整流电路；（b）三相交流电压；（c）整流后电压波形

由于二极管的单向导通性，负极连接在一起的 VD_1、VD_3、VD_5 在任一瞬时只能是正极电位最高的那只二极管导通，因为该二极管导通后，就使另两只二极管的负极电位高于正极而不能导通；正极连接在一起的 VD_2、VD_4、VD_6 在任一瞬时则只能是负极电位最低的那只二极管导通，因为该二极管导通后，就使另两只二极管的正极电位低于负极而不能导通。例如，在 t_1—t_2 时间内，A相电压最高，B相电压最低，VD_1、VD_4 导通，电流从"+"端流出、"-"端流入；而在 t_2—t_3 时间内，A相电压最高，C相电压最低，VD_1、VD_6 导通，电流仍然从"+"端流出、"-"端流入，如图1-30（a）所示。于是，6只二极管组成的三相桥式整流电路就将电枢绕组的交流电（图1-30（b））变成了直流电（图1-30（c））。

③ 调压原理。

为使交流发电机具有稳定的电压输出，应在电源系统中配置电压调节器。其可在发电机转速变化时，将发电机输出的电压控制在规定的范围内。

从发电原理中可知，发电机的感应电动势为：

$$E=C_e\Phi n$$

式中，E 表示发电机的等效电动势；C_e 表示发电机的结构常数；Φ 表示发电机磁极磁通；n 表示发电机的转速。

发电机转速变化时，欲保持输出电压恒定，就必须相应地改变磁极磁通 Φ。电压调节器就是利用自动调节磁场电流使磁极磁通改变这一原理来调节输出电压的。

电压调节器串联在发电机的励磁电路中，如图1-31（a）所示。当发电机工作在某一转速下其电压达到设定的上限值 U_2 时，调节器起作用，降低或切断磁场绕组的励磁电流 I_f，磁极的磁通量迅速减小而使发电机电压下降；当发电机电压下降至设定的下限值 U_1 时，调节器又动作，使 I_f 增大，磁通量加强，发电机电压又上升；当发电机的电压上升至 U_2 时又重复上述过程。于是，发电机的电压在设定的范围内波动，得到一个稳定的平均电压 U_e，如图 1-31（b）所示。

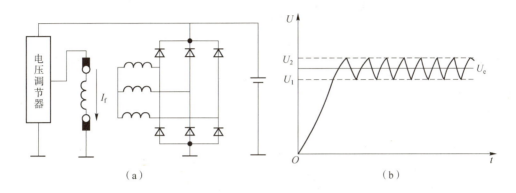

图 1-31　发电机电压调节器基本原理

（a）发电机电压调节器原理；（b）发电机电压调节器工作时的电压波形

（5）交流发电机检测。

① 交流发电机不发电或发电机不良的可能故障原因。

a. 整流二极管烧坏而使发电机电压过低，造成充电电流过小或不充电。

b. 发电机磁场绕组或电枢绕组有短路、断路或搭铁而使发电机发电电压过低或不发电。

c. 电刷与集电环接触不良而使磁场绕组励磁电流过小或无励磁电流，造成发电机电压过低或不发电。

② 交流发电机解体前检查。

充电系统出现故障时，应检查充电线路连接是否正确，线路中是否有短路、短路现象；在点火开关打开时检查励磁线路是否有电压（约等于蓄电池电压）；必要时断开发电机传动带，将发电机励磁接线柱接 12 V 电压，用手旋转发电机皮带轮，检查发电机有无励磁，以判断故障是否在发电机本身。

在发电机解体前，通过检测发电机各接柱之间的电阻或检测发电机输出电压波形，以确定发电机是否有故障和故障的大致部位。

检测交流发电机各接柱之间的电阻，根据所测得的电阻值正常与否来判断连接两接线柱之间部件和线路是否有故障。（依据发电机技术标准）。

检测交流发电机输出电压波形，当发电机内部的二极管或电枢绕组有断路或短路时，发电机的输出电压波形就会异常，因此，可根据示波器显示的发电机输出电压波形判断发电机内部是否有故障。各种故障时输出的电压波形如图 1-32 所示。

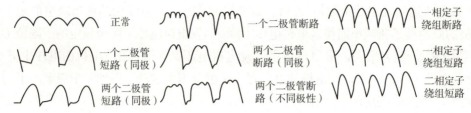

图 1-32 交流发电机各种故障的输出电压波形

③交流发电机解体后检查。

当确定故障在发电机内部时，按步骤对发电机解体，并对有关部件进行检测。

a. 整流二极管的检测，用数字万用表二极管挡检测二极管正向、反向的电压降应符合标准。

b. 磁场绕组的检测，用万用表测量两集电环之间（磁场绕组）的电阻，与标准值对比，判断磁场绕组的短路、断路或搭铁。

c. 电枢绕组的检测，用万用表测量电枢绕组3个引线之间的电阻，与标准值对比，判断磁场绕组的短路、断路或搭铁；以及检查电枢绕组与铁芯之间是否绝缘。

d. 电刷与轴承的检修，检查电刷轴承的磨损情况、电刷弹簧的弹力，若电刷磨损量超过限值、电刷弹簧失效或轴承有明显松旷等，应予以更换。

（6）交流发电机的拆卸和安装。

见实训车辆维修手册。

任务 1.2.2 电源系统电路识读

1. 工作表 电源系统电路识读查

（1）翻阅捷达1984电路图，回答下面几个问题：

①捷达电路图11页中，ABCD分别表示什么电气部件？

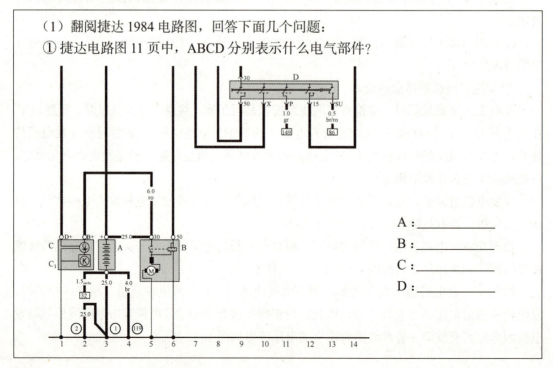

A：_____
B：_____
C：_____
D：_____

② 解释图中编号的含义。

T_{1a}：_____　　$T_{3a/1}$：_____　　Y/3：_____

③ 捷达电路图翻 11 页中，地址码 11 的导线，方框里的 149 表示什么？

_____
_____
_____
_____
_____

④ 捷达电路图 11 页，J59 是_____（填电路图标识），它在中央继电器第_____（填数字）个位置，在电路图_____（只填数字）页可以找到它的实际安装位置，描述安装位置_____。

⑤ 下图的 S_{15} 熔断器，在_____（只填数字）页，可以找到它所保护的是_____电路，允许通过电流是_____，在电路图_____（只填数字）页可以找到它的实际安装位置，描述安装位置_____。

（2）翻阅速腾 2009 电路图，回答下面几个问题：
① 查阅"001- 基本装备"和"118- 基础装备"，两者的区别是什么？
_____
_____

② 查阅"001- 基本装备"，查找制动灯，在_____页。
③ 查阅"001- 基本装备"，左制动灯标记是_____。
④ 查阅"001- 基本装备"，左制动灯来电端插脚号是_____。
⑤ 查阅"001- 基本装备"，左制动灯接地端插脚号是_____。
⑥ 查阅"001- 基本装备"，制动信号灯开关 F，$T_{4y/1}$ 针脚，连接的是_____。
⑦ 查阅"001- 基本装备"，J519 是_____，在电路图_____（只填数字）页可以找到它的实际安装位置，描述安装位置_____。
⑧ 查阅"001- 基本装备"，左制动灯与车载电网控制单元连接针脚是_____。

(3) 查找实训车辆电路图，绘制电源系统电路简图。
实训车辆车型：_____

_____

(4) 迈腾 B7 轿车电源电路分析。

① 在下图的空格中填写元件名称：

② 根据原理图填空，完成发电机信号控制工作原理。

a. 发电机的工作原理是转子中_____通电产生_____，起动后带动转子旋转，_____在转动磁场中_____，产生_____，通过_____，由_____端输出_____电压，发动机转速升高，定子线圈输出电动势_____，_____可以通过对励磁电流通断的控制来调节定子线圈输出电动势高低，使得发电机输出电压稳定在合适范围内。

b. 电压调节器集成在微处理芯片里，负责控制发电机输出电压大小。_____与_____线直接连接到电压调节器上。

c. 当点火开关打开时，_____给 L 线输送 12 V 电压，通过 L 线，电流到达_____，由于发动机没工作，因此 L 线在电压调节器内部直接接地，J519 检测到_____，于是将信号通过_____传递给_____，蓄电池指示灯_____，说明发电机此时_____。

d. 电压调节器检测到_____，触发励磁电路三极管开关，电流从_____流向_____，此时为发电机的_____。

e. 起动发动机后，_____旋转，发电机产生电压，此电压通过_____给到电压调节器，电压调节器由此知道_____和_____，根据此信号电压调节器就可以控制励磁电流通断。

f. 当发电机输出电压高于蓄电池端电压时，励磁线圈由发电机自身供电，此时为发电机的_____。

g. 发电机工作时，电流通过 L 线给到 J519，J519 检测到_____，于是将信号通过传递给_____，蓄电池指示灯_____，说明发电机此时_____。

h. DFM 端子输出信号为_____，信号传输给_____，J623 由此得到发电机负荷信息，可以通过调节发动机怠速转速等措施，对发电机负荷进行管理。

2. 参考信息

(1) 电路图识读方法。

① 汽车电路图的识读技巧。

a. 分清汽车电路的三类信号。

想要读懂汽车电路图就必须把电的通路厘清，即某条线是什么信号，该信号是输入信号、输出信号还是控制信号以及信号起什么作用，在什么条件下有信号，从哪里来，到哪里去。

电源：要厘清蓄电池或经过中央控制盒后的电源都供给了哪些元件。与电源正极连接的导线在到达用电器之前是电源电路；与接地点连接的导线在到达用电器之前为接地电路。汽车电路的电源一般来说有常电源、条件电源两种。

信号：汽车电路中常见的是各种开关输入信号和传感器输入信号。传感器经常共用电源线、接地线，但绝不会共用信号线。我们在分析传感器电路时，可用排除法来判断电路，即排除其不可能的功能来确定其实际功能，如分析某一具有三根导线的传感器电路时，如果已经分析出其电源电路、接地电路，则剩余的电路必然为信号电路。

控制：控制信号主要由控制单元送出，它分布在各个执行器电路中，如点火电路中的点火信号、燃油喷射控制电路中的喷油信号、空调控制电路中控制压缩机运转的控制信号等。

在汽车电路中，我们会看到执行器共用电源线、接地线和控制线的情况。

b. 将电路化繁为简。

根据上面提到的三类信号，再根据电气系统工作的基本原则可以将电路区分为电源电路（正极供电）、接地电路（回到负极构成回路）、信号电路、控制电路。

c. 正确判断电路的串并联关系。

识读汽车电路图时注意各元器件的串并联关系，特别是不同器件的公用电源线、公用接地线和公用控制线的情况。

d. 导线功能的区分。

直接连接在一起的导线（也可由熔断丝、接点连接）必具有一个共同的功能，如都为电源线、接地线、信号线、控制线等。凡不经用电器而连接的一组导线若有一根接电源或接地，则该组导线都是电源线或接地线。

e. 判断导线是否共用。

在汽车电路图中部分导线会被共用，如部分接地和供电。有些传感器会经常共用电源线、接地线，但绝不会共用信号线。部分执行器会共用电源线、接地线，有些还会共用控制线。

② 大众车系电路识图方法。

德国大众系列汽车在我国的轿车工业中已占据了主导地位，如一汽大众公司生产的奥迪、捷达轿车以及上海大众公司生产的桑塔纳、帕萨特轿车等，这些产品的电路图与其他系列汽车电路图相比，具有许多不同之处，它既不同于其他车辆的接线图，也不同于电路原理图。但在实际上，它却可以看作电路原理图，实质上更接近接线图。

a. 电路识读。

在识图前应先了解电路中各符号、线段、图形的含义。下面以桑塔纳轿车的转向和报警闪光灯部分电路为例予以说明，如图 1-33 所示，部分含义如下：

（a）继电器位置号，表明继电器在继电器盒上的位置。

（b）继电器盒上的继电器或控制器符号，在说明中可以找到它的名称。

（c）熔断器符号。例如，S_{19} 表示熔断器座上的 19 号熔断器（10 A）。

（d）继电器盒上的插接件符号。例如 3/49a，其中 3 表示继电器盒上 12 号继电器座的 3 号插孔，49a 表示继电器/控制器上的 49a 插头。

(e) 继电器盒上的连接件符号，指出一个带线束的多孔或单孔插头的位置。例如，A_{13} 为多孔插头 A 的 13 触点。

(f) 导线截面积，单位为 mm。

(g) 导线颜色。此缩写是线色代码，线路图旁注有说明。

(h) 白色线上印刷的标记号，用于区分一根线束中的不同白色线。

(i) 接线柱符号，可在零件图上找到标记。

(j) 故障诊断程序用的检测点。在插图或线路图中可找到同样的带黑色圆的数字，用于故障诊断程序。

(k) 线路标记。此处为报警灯开关。

(l) 零件符号，可在说明中找到零件名称。

(m) 导线连接端。方框内的数字表明电路图中的接续导线。

(n) 内部连线（细线）。此连接仅是内部电路连接，没有导线，可以依次追踪电路构件和线束部的电流走向。

(o) 内部连接线符号，字母表示下一线路图的连接线。

(p) 接地点标记符号，可在说明中查到接地点在车身上的位置。

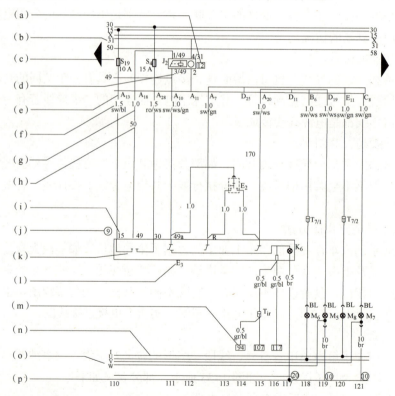

图 1-33　大众桑塔纳电路图各部分的含义

E_2—转向开关；E_3—报警闪光灯开关；J_2—闪光灯继电器；K_6—报警闪光灯；M_5—左前转向灯；M_6—左后转向灯；M_7—右前转向灯；M_8—右后转向灯；T_7—七孔插座连接，在继电器盒内；⑩—接地点在中央继电器盒内；

⑩—接地连接（接线柱 31）在仪表板线束内

b. 电路图的构成。

大众车系电路图大体上可以分解为以下几部分：

外线部分：

外线部分在图上以粗实线画出，集中在图的中间部分。每条线上都有导线的颜色、导线的截面积的标注。线端都有接线柱号或插口号标示其连接关系。颜色标记以字母表示。对应关系为：ws= 白色；sw= 黑色；ro= 红色；br= 棕色；gn= 绿色；bl= 蓝色；gr= 灰色；li= 紫色；ge= 黄色；如果导线是双色的，则以两种颜色的字母共同标记。例如 ro/sw，sw/ge 等。导线的截面积以数字标示在导线颜色上方，单位是 mm^2。例如 4.0，6.0 等。

内部连接部分：

内部连接部分在图上以细线画出。这部分连接是存在的，但线路是不存在的。标示线路只是为了说明这种连接关系。同时，使电路图更加容易被理解。

电器元件部分：

电路图本身就是表达元件之间的连接关系的。因此，电器元件在电路图中是主体。电器元件在图中用框图辅以相应的标号表示。每一个元件都有一个代号，如 A，表示蓄电池；V7，表示散热器风扇等。电器元件的接线点都用标号标出，标号在元件上可以找到。例如，起动机 B，有两个接点，一个标记 30，一个标记 50。

继电器、熔断器及其连接件部分，这一部分表示在图的上部，反映的内容：继电器位置号，继电器名称，继电器盒上插接元件符号，继电器盒上连接件符号，熔断器标号及熔断器容量等，并且熔断器容量用不同的颜色加以区别。车上大部分继电器和熔断器都安装在继电器盒的正面，几乎全部主线束均从继电器盒背面插接通往各用电设备。

图 1-34 所示为捷达轿车继电器盒的正面布置，各熔断器及继电器在继电器盒上的布置如表 1-8 所示，各线束插头与继电器盒插座的连接关系（继电器盒的背面布置）如图 1-35 所示。

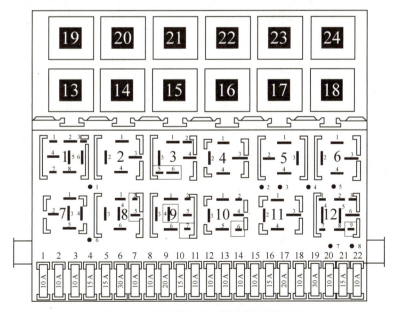

图 1-34　捷达轿车继电器盒的正面布置

表 1-8　熔断器及继电器的布置

熔断器			
序号	用电器	容量/A	熔断器的颜色
1	左近光灯	10	红色
2	右近光灯	10	红色
3	仪表板照明灯、牌照灯	10	红色
4	杂物箱灯	15	蓝色
5	风窗刮水器、洗涤装置	15	蓝色
6	空调机、鼓风机	20	黄色
7	右尾灯、右停车灯	10	红色
8	左尾灯、左停车灯	10	红色
9	后窗除霜加热器	20	黄色
10	雾灯、后雾灯	15	蓝色
11	左远光灯	10	红色
12	右远光灯	10	红色
13	喇叭、散热器风扇	10	红色
14	倒车灯	15	蓝色
15	发电机电子装置	10	红色
16	组合仪表	15	蓝色
17	转向灯、警告灯	10	红色
18	电动燃油泵	20	黄色
19	散热器风扇	30	绿色
20	制动灯	10	红色
21	车内照明、后备厢灯、时钟	15	蓝色
22	收音机、点烟器	10	红色
继电器			
位置号	继电器名称	打印在继电器外壳上的号码	
1	空调继电器	13	
4	卸荷继电器	18	
6	闪光器	21	
8	间歇清洗/刮水继电器	19	
10	雾灯继电器	53	
11	双音喇叭继电器	53	
12	进气歧管预热继电器 燃油泵继电器 预热塞继电器	1 67 60	

续表

位置号	继电器名称	打印在继电器外壳上的号码
13	散热器风扇起动继电器 燃油泵起动控制单元 怠速提升控制单元	31 91 82
14	起动保护继电器 散热器风扇起动控制单元 催化反应器警报控制单元 进气歧管预热继电器	53 31 44 1
15	ABS液压泵继电器	78
16	ABS继电器	79
17	空	
18	电动座椅调整机构熔断器或自由轮锁止机构继电器	83
19	自动变速器继电器	53
20	自由轮锁止机构继电器 自动预热过程控制继电器	83 47
21	车窗玻璃升降继电器	24
22	ABS阀，ABS液压泵熔断器	
23	空调，电动座椅调整装置，双频道收放机熔断器	
24	车窗玻璃升降器熔断器	

电路接续号在图的最下方，这一标号只是制图和识图的标记号，数字的大小没有实际的物理意义。它有两个作用：一个是可顺序表达整个车的全部电路内容，便于每一部分既相对独立又相互联系；另一个作用是便于反映在一部分电路图中难以表达的接续部分。

c. 电路图的特点。

大众车系电路图与其他车系电路图相比，具有许多不同之处。

接点标记具有固定含义：

在电路图中经常遇到接点标记的数字及字母，它们都具有固定的含义。如数字30，代表的是来自蓄电池正极的供电线；数字31，代表接地线；数字15，代表来自点火开关的点火供电线；数字50，代表点火开关在起动挡时的起动供电线；X（75），代表受控的大容量用电设备供电线（来自卸荷继电器的供电线）等，无论这些标记出现在电路的什么地方，相同的标记都代表相同的接点。

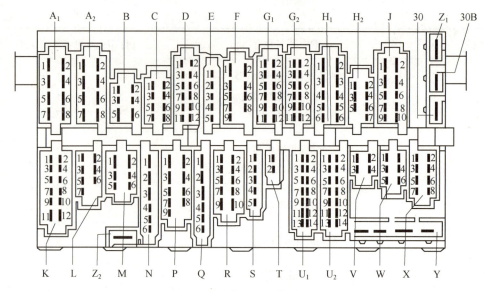

图1-35 继电器盒的背面布置

A_1—8孔插头（黄色），前照灯线束；A_2—8孔插头（黄色），前照灯线束；B—6孔插头（绿色），用于前照灯清洗系统；C—8孔插头（黄色），用于任选线束；D—12孔插头（绿色），用于附加设备；E—5孔插头（绿色），仪表线束；F—9孔插头（白色）发动机舱右侧线束；G_1—12孔插头（白色）发动机舱右侧线束；G_2—12孔插头（白色）发动机舱右侧线束；H_1—10孔插头（红色），转向柱开关线束；H_2—8孔插头（红色），转向柱开关线束；J—10孔插头（红色），转向柱开关线束；K—12孔插头（黑色），尾部线束；L—7孔插头（黑色），尾部线束；M—6孔插头（黑色），尾部线束；N—6孔插头（绿色），空调线束；P—9孔插头（蓝色），后风窗及前雾灯开关线束；Q—6孔插头（蓝色），仪表线束；R—10孔插头（蓝色），灯光开关线束；S—5孔插头（白色）发动机舱右侧线束；T—2孔插头（绿色）；U_1—14孔插头（蓝色），仪表板线束；U_2—14孔插头（蓝色），仪表板线束；V—4孔插头（绿色），多功能指示器线束；W—6孔插头（绿色），ABS线束；X—8孔插头（绿色），警报指示灯（拖挂设备、ABS系统）线束；Y—单孔插头，接线柱30；Z_1—单孔插头；Z_2—单孔插头，接线柱31；30—单孔插头，接线柱30；30B—单孔插头

所有电路都是纵向排列，互相不交叉：

该电路图采用了断线代号法来处理线路复杂交错的问题。例如，某一条线路的上半段在电路序号为116的位置上，下半段电路在电路接续号为147的位置上，在上半段电路的终止处画一个标有147的小方格，在下半段电路的开始处也有一小方格，内标有116，通过116和147就可以将上、下半段电路连在一起了。

③丰田车系电路识图方法。

a.电路识读。

识读方法如图1-36所示，电路图各部分的含义如下：

（a）——系统标题。在电路图上方用刻线划分区域内，用文字和系统符号表示下方电路系统的名称。

（b）——配线颜色。

（c）——与电路元件连接的插接器，数字表示接线端子的编号。

（d）——插接器的接线端子编号，其中插座和插头编号的方法不同。在插座编号中，顺序为从左至右，从上至下；插头则从右至左，从上至下。

（e）——继电器盒。图中只标明继电器盒的号码，亦不印上阴影，以区别接线盒。

（f）——接线盒。圈内数字表示接线盒号码，圈旁数字表示该插接器插座位置代码，接线盒上一般印上阴影，使其与其他元件区分。不同的接线盒，用不同的阴影标出，以便区分。例如图中的 3B 表示它在 3 号接线盒内；数字 6 和 15 表示两条配线分别在插接器 6 号和 15 号接线端子上。

（g）——相关联的系统。

（h）——配线之间插接器，带插头的配线用符号≶表示，外侧数字 6 表示接线端子的号码。

（i）——当车辆型号、发动机型号或规格不同时，用（ ）中内容来表示不同的配线和插接器。

（j）——屏蔽的配线。

（k）——搭铁点位置。搭铁点在电路图中用▽符号表示。

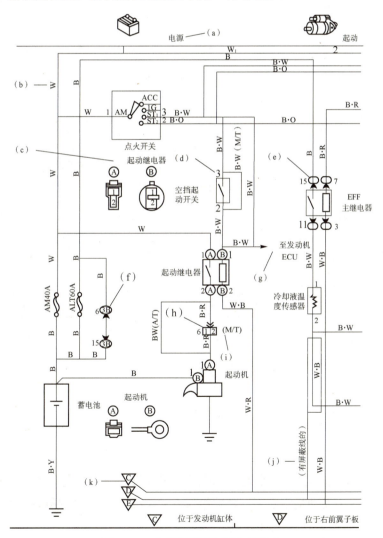

图 1-36　丰田电路图各部分的含义

b. 电路图特点。

电路图中的电器元件通常有文字直接注解；电路总图中各系统电路按长度方向逐个布置，并在电路图上方标出各系统电路的区域和代表该电路系统的符号及文字说明；电路图中绘出了搭铁点，并标注代号与文字说明，可以从电路图了解线路搭铁点，直观明了；电路图中，有的还直接标出线路插接器的端子排列和各端子的使用情况，给识图和电路故障查寻提供方便。

④ 通用车系充电系统电路识图。

a. 电路识读。

现以上海别克轿车自动变速器控制电路为例，说明通用汽车电路图的识读方法，如图 1-37 所示，电路中的大圆圈内数字是注释符号，其各部含义如下：

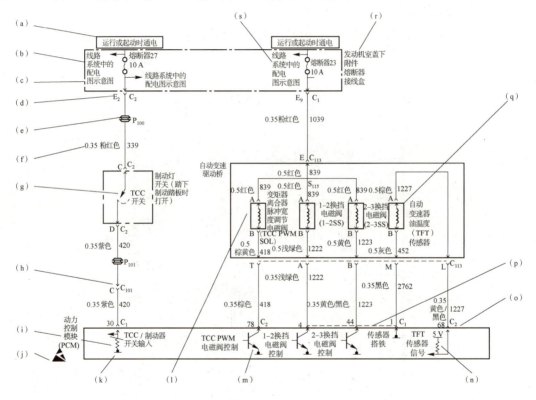

图 1-37 通用电路图各部分的含义

(a)——"运行或起动时通电"表示线路在点火开关处于运行或起动挡时通电，电压为蓄电池电压。

(b)——27 号 10 A 的熔断器。

(c)——虚线框表示没有完全表示出接线盒所有部分。

(d)——导线由发动机室盖下熔断器接线盒 C_2 连接插头的 E_2 插脚引出，连接插头编号 C_2 写在右侧，插脚编号 E_2 写在左侧。

（e）——符号 P_{100} 表示贯穿式密封圈，其中 P 表示密封圈，100 表示其代号。

（f）——"0.35 粉红色"表示导线截面积为 0.35 mm^2，颜色为粉红色，数字"339"是车辆位置分区代码，表示该线束位置在乘客室。

（g）——TCC 开关，图中表示 TCC 处于接通状态，其开关信号经过 P_{101} 和 C_{101}，由 PCM 中的 C_1 插头 30 号插脚进入 PCM 中。

（h）——直列型插接器，右侧"C_{101}"表示连接插头编号（其中 C 表示连接器插头），左侧"C"表示直列线束插接器的 C 插脚。

（i）——输出电阻器，这里用来把 TCC 和制动灯开关的信号以一定的电压信号的形式输出给动力控制模块（PCM）的内部控制电路。

（j）——动力控制模块是对静电敏感的部件。

（k）——符号表示搭铁。

（l）——在自动变速器内部的 TCC 锁止电磁阀，此电磁阀控制液力变矩器内部锁止离合器的结合。它在点火开关处于点火或起动挡时，通过 23 号的 10 A 熔断器供电。

（m）——带晶体管半导体元件控制的集成电路。这里为 PCM 内部集成控制电路，控制电磁阀驱动电路，通过 PCM 搭铁。

（n）——输出电阻。PCM 提供 5 V 稳压通过内部串接电阻与自动变速器油温传感器 TFT 连接，同时将 TFT 的信号传给 PCM。

（o）——动力控制模块 PCM 的 C_2 连接插头的 68 插脚。

（p）——用虚线表示 4、44、1 插脚均属于 C_1 连接插头。

（q）——自动变速器内部的油温度传感器，它是一个负温度系数电阻。

（r）——部件的名称及所处的位置。

（s）——导线通往发动机室盖下附件导线接线盒的其他电路，对目前所显示的电气系统没有作用，是一种省略的画法。

b．电路图特点。

特殊的提示符号：

在电路图中标有静电敏感符号、安全气囊符号、故障诊断符号、注意事项符号，用于提醒检修人员。

电源接通说明：

系统电路图中的电源通常是从该电路的熔断器起，在电路图的上方，用黑色框表示，并用黑框中的文字说明在什么样的情况下该电路接通电源。

电路编号：

通用车系的电路图中，各导线除了标明颜色和截面积外，通常还标有该电路的编码，通过电路编码可以知道该电路在汽车上的位置，以便读图和故障查询。

（2）电源系统电路识读。

① 大众捷达电源系统电路识读。

在没有负荷管理的汽车电源电路中，仪表板充电指示灯会告诉驾驶员，发电机是否正常给蓄电池充电，即发电机是否正常工作，如图1-38所示。

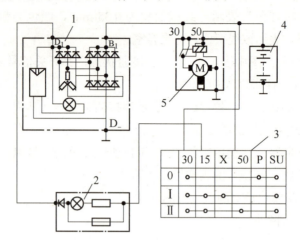

图1-38 捷达充电指示灯电路

1—发电机；2—充电指示灯；3—点火开关；4—蓄电池；5—起动机

连接在点火开关和发电机励磁电路之间，当点火开关打开，而发电机不工作时，电流流经路径为：蓄电池正极→点火开关30接线柱→点火开关15接线柱→充电指示灯→发电机转子线圈→电压调节器→搭铁，此时，充电指示灯点亮，表明发电机未工作，蓄电池未充电。

当发电机正常发电时，发电机输出电压高于蓄电池端电压，此时整车电路由发电机供电，充电指示灯两侧电位相同，充电指示灯熄灭，表面发电机正常工作，蓄电池在充电状态。

② 迈腾B7L 1.4T发动机轿车电源系统电路识读。

a. 有控制单元的大众轿车电源电路工作原理分析。

电源电路工作原理图如图1-39所示。

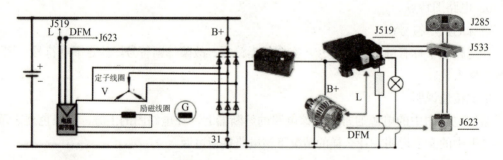

图1-39 电源电路工作原理图

发电机的工作原理是转子中励磁线圈通电产生磁场，发动机起动后带动转子旋转，定子线圈在转动磁场中切割磁感线，产生三相交流电，通过整流器，由B+端输出直流电压，发动机转速升高，定子线圈输出电动势升高，电压调节器可以通过对励磁电流通断的控制来调节定子线圈输出电动势高低，使得发电机输出电压稳定在许可的范围内。

电压调节器集成在微处理芯片里,负责控制发电机输出电压大小。L线与DFM线直接连接到电压调节器上。

当点火开关打开时,控制单元J519给L线输送12 V电压,通过L线,电压达电压调节器,由于发动机没工作,因此L线在电压调节器内部直接接地,J519检测到低电位,于是将信号通过网关J533传递给仪表控制单元J285,蓄电池指示灯点亮,说明发电机此时未发电。

电压调节器检测到L线电压,触发励磁电路三极管开关,电流从蓄电池流向励磁线圈,此时为发电机的他励。

起动发动机后,转子旋转,发电机产生电压,此电压通过V线给到电压调节器,电压调节器由此检测到转子转速和供电系统的电压,根据此信号电压调节器就可以控制励磁电流通断。

当发电机输出电压高于蓄电池端电压时,励磁线圈由发电机自身供电,此时为发电机的自励。

发电机工作时,电压过L线给到J519,J519检测到高电位,于是将信号通过网关J533传递给仪表控制单元J285,蓄电池指示灯熄灭,说明发电机此时正常发电。

DFM端子输出信号为脉宽调制信号,信号传输给发动机控制单元J623,J623由此得到发电机负荷信息,可以通过调节发动机输出功率等措施,对发电机负荷进行管理。

车载电源电路,在信号传输过程中,一般由L线和DFM线进行传输,随着信息控制技术的发展,LIN总线逐渐参与到信号传输过程中,代替了L线和DFM线,如图1-40所示。

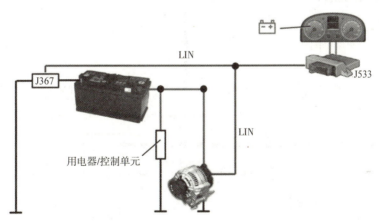

图1-40 LIN线控制的车载电源信号电路

b. 电源电路识读。

大众汽车电路图在表示线路走向的同时,还表达了线路的结构情况。继电器盘的正向插有各种继电器和熔断器(电路图中上部的灰颜色区域)。图1-41所示为迈腾B7L 1.4T发动机充电系统电路。

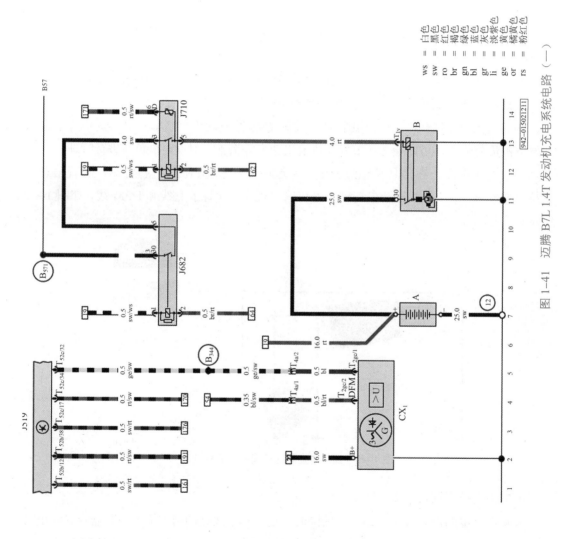

图1-41 迈腾B7L 1.4T发动机充电系统电路（一）

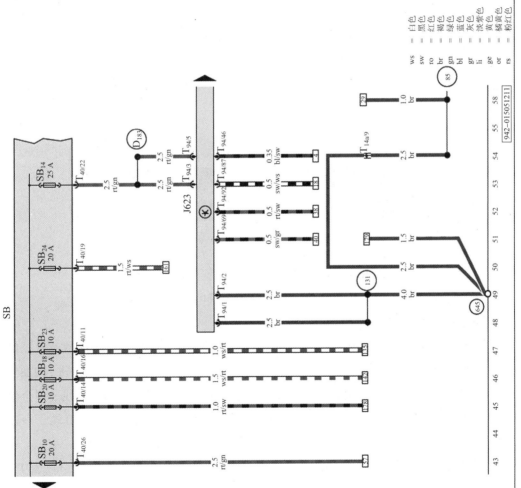

图 1-41 迈腾 B7L 1.4T 发动机充电系统电路（二）

励磁电流由 J519 通过发电机上的触点 $T_{52c/32}$ 和 J519 上的触点 $T_{2gc/1}$ 之间线路提供。电源负荷管理由 J519 控制，DFM 信号由发电机上触点 $T_{2gc/2}$ 和发动机控制单元 J623 上的触点 $T_{94/5}$ 之间的线路传递，再通过 J519 和 J623 之间的总线传递给 J519 进行负荷管理。发动机控制单元 J623 输出脉宽调制信号（DFM）为 0~12 V，信号波形如图 1-42 所示。占空比在 30%~40% 说明发电机充电系统正常，若占空比高于 70% 说明发电机及充电系统有故障。发电机指示灯 K_2 由仪表控制单元 J285 控制，如图 1-43 所示。发电机负荷变化由 J519 通过总线传递给仪表控制单元 J285，由 J285 控制 K_2 亮、灭。

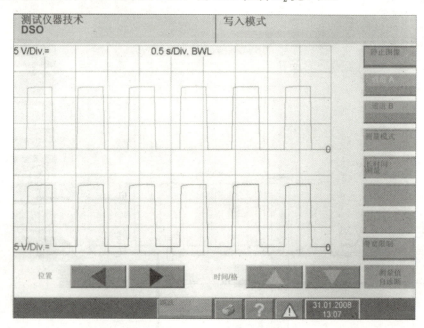

图 1-42　发电机控制单元输出脉宽调制信号

③ 上海大众帕萨特 1.8GSI（2005 年款）轿车电源系统电路识读。

上海大众帕萨特 1.8GSI（2005 年款）轿车充电系统电路，如图 1-44 所示。

a. 充电指示灯电路。

帕萨特轿车具有防盗器控制单元 J362 和组合仪表控制单元 J285，由蓄电池对其提供常有电源，电路为蓄电池正极→主熔断器 S_{15}→组合仪表 T_{32a} 插头的 23 端子→进入 J285。当点火开关 D 置于 1 挡时，接线柱 15、S 接通蓄电池电源，①接线柱 15 经导线→组合仪表 T_{32a} 插头的 1 端子→进入 J285；②接线柱 S 经导线→组合仪表 T_{32a} 插头的 30 端子→进入 J285。

在电源作用下组合仪表控制单元 J285 工作，对充电指示灯 K_2 供电，经组合仪表 T_{32a} 插头的 12 端子→导线→发电机 D+ 端子→励磁绕组→内置电压调节器→发电机搭铁，充电指示灯点亮。当发动机工作，发电机输出电压高于蓄电池电压时，发电机自励，发电机 D+ 端子输出电压，充电指示灯两端电压相等，充电指示灯熄灭。

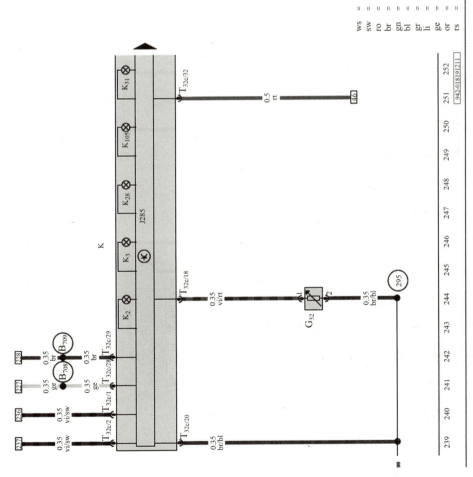

图1-43 仪表控制单元 J_{285}

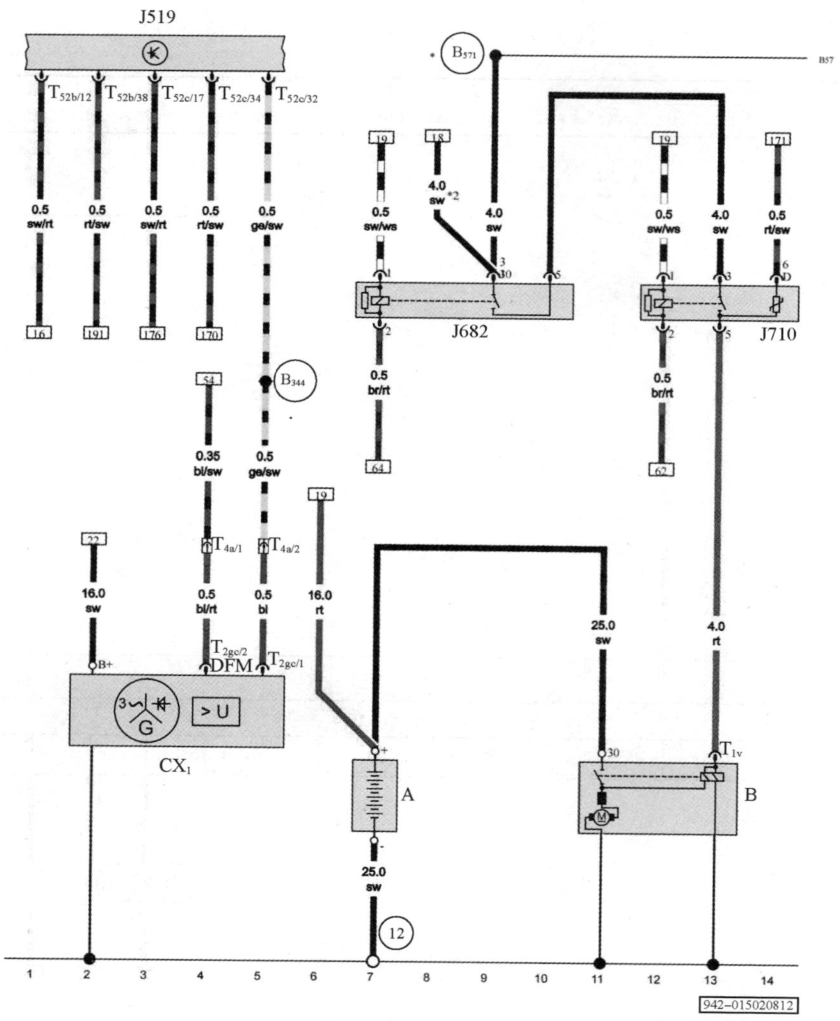

A — 蓄电池
B — 起动电机
CX_1 — 带电压调节器的交流发电机
J519 — 车载电网控制单元
J682 — 供电继电器，总线端50
J710 — 供电继电器2
T_{1v} — 1芯插头连接
T_{2gc} — 2芯插头连接
T_{4a} — 4芯插头连接，起动机附近
T_{52b} — 52芯插头连接
T_{52c} — 52芯插头连接
⑫ — 发动机舱内左侧接地点
B_{344} — 连接1（61），在主导线束中
B_{571} — 连接38，在主导线束中
* — 截至2012年8月
*2 — 自2012年8月起

ws = 白色
sw = 黑色
ro = 红色
br = 褐色
gn = 绿色
bl = 蓝色
gr = 灰色
li = 淡紫色
ge = 黄色
or = 橘黄色
rs = 粉红色

图1-44 帕萨特轿车充电系统电路（一）

模块一 汽车电源系统检修

发动机控制单元，熔断器座B

J623 发动机控制单元
SB 熔断器座B
SB₁₀ 熔断器架B上的熔断器10
SB₁₄ 熔断器架B上的熔断器14
SB₁₈ 熔断器架B上的熔断器18
SB₂₀ 熔断器架B上的熔断器20
SB₂₃ 熔断器架B上的熔断器23
SB₂₄ 熔断器架B上的熔断器24
T₁₄₄ 14芯插头连接
T₄₀ 40芯插头连接
T₉₄ 94芯插头连接
㊟ 接地连接1，在发动机舱导线束中
㊯ 接地连接2，在发动机舱导线束中
㊵ 前围板上的接地点1
㊲ 接地点3，左前纵梁上
㊱ 正极连接9（87a），在主导线束中
㊲ 连接（车内照明，31），在主导线束中
㊳ 连接4（87a），在发动机舱导线束中
* 截至2012年8月
*2 自2012年8月起

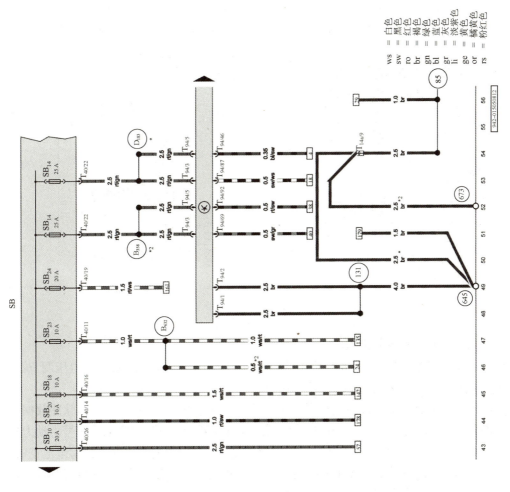

图1-44 帕萨特轿车充电系统电路（二）

b. 发电机充电电路。

电路为发电机 B+ 端子→起动机 30 端子→蓄电池正极→蓄电池负极→搭铁点①→发电机负极（壳体）。

④ 丰田轿车电源系统电路识读。

丰田威驰轿车充电系统电路如图 1-45 所示。发电机 B 插接器有 3 个端子：1 号端子 L 从点火开关 IG_2 端子开始，接组合仪表上的充电指示灯，控制充电指示灯的亮与灭；2 号端子 IG 从点火开关 IG_1 端子，经 10 A 的熔断器，给集成电路电压调节器提供工作电压；3 号端子 S 经 7.5 A 和 60 A 两个熔断器，检测蓄电池端电压。发电机 A 插接器是交流发电机的输出，并经过 100 A 的熔断器，给其他用电设备供电和给蓄电池充电。

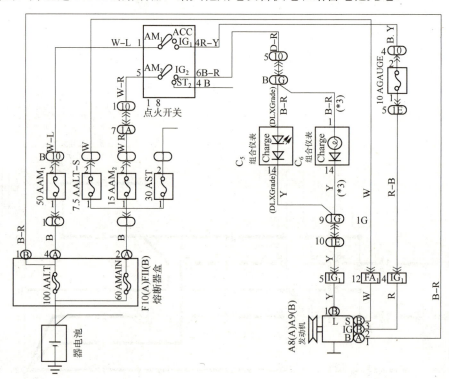

图 1-45 丰田威驰轿车充电系统电路

⑤ 别克轿车电源系统电路识读。

上汽通用别克君威 2.5 L、3.0GS 轿车电源电路主要由交流发电机、数字式电压调节器、动力模块（PCM）、熔断器等组成，其电路如图 1-46 所示。

发电机的 P 端子是发电机转速信号脉冲输出端（未使用）。F 端子是励磁脉冲数据输出端，接动力控制模块（PCM），用该数据计算发电机的脉冲频率（PWM）信号。动力控制模块（PCM）利用发电机的 PWM 信号控制怠速稳定。S 端子通过熔断器接蓄电池正极。L 端子接 PCM，电压调节器根据 L 端子输入的指令确定是否工作，当发动机正常运转时，PCM 向发电机 L 端子提供 5 V 电压，电压调节器向转子提供励磁脉冲；当点火开关没有接通或发动机转速过低时，PCM 切断向 L 端子的电压输出，以减小不必要的额外负荷。

电压调节器以 400 Hz 固定频率接通和断开励磁电流，通过改变励磁电流的通断时间间隔获得系统正常输出电压所需要的励磁电流平均值。励磁电流的大小与电压调节器发送给转子的电流脉冲宽度成比例。

充电指示灯是由动力控制模块通过 2 级串行数据总线控制的，仪表上的指示灯与发电机之间没有直接连线。PCM 接收到 L 端子搭铁信号，充电指示灯点亮；系统电压低于 11.2 V，或系统电压高于 16.5 V，或发电机不运转，或 S 端子参考电压丢失时，充电指示灯也会点亮。

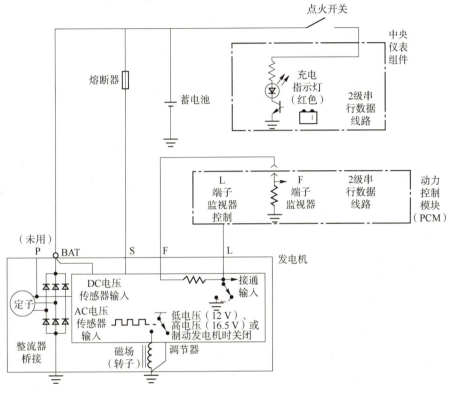

图 1-46　别克轿车充电系统电路

任务 1.2.3　电源系统控制信号检测

1. 工作表　电源系统控制信号检测

注：工作表以大众迈腾 B7/B8 车辆为例，任课教师可根据实训条件自行选择。
1）带 L 线/DFM 线车辆信号测量。
（1）画出实训车辆发电机部分电路简图，并标出导线含义。
_____
_____
（2）L 线测量。
① 测量 L 线起动前后电流值。
起动前电流：_____A。
起动后电流：_____A。

② 测量 L 线起动前后电压值。

起动前电压：_____V。

起动后电压：_____V。

绘制波形：

③ 对上述结果进行分析，解释 L 线电压和电流变化规律。

_____

_____

_____

（3）DFM 线测量。

① 使用诊断仪读取 DFM 测量值，记录测量值。

_____

_____

_____

② 使用示波器测量 DFM 信号波形，绘制波形。

_____

_____

_____

③ 对上述结果进行分析，解释 DFM 信号。

_____

_____

_____

2）带蓄电池监控控制单元车辆（或蓄电池传感器）信号测量

（1）画出实训车辆发电机部分电路简图，并标出导线含义。

_____

_____

_____

（2）使用诊断仪，读取控制单元测量值，记录结果。

_____

_____

_____

（3）使用示波器，检测 LIN 线波形，记录波形。

_____

_____

_____

2. 参考信息

（1）汽车发电机信号控制原理（L 线 /DFM 线）。

以迈腾 B7 为例予以说明，迈腾 B7 发电机电路部分简图如图 1-47 所示。

① 接线端 L 的控制。

L 线作为信号线,控制蓄电池给发电机励磁线圈供电或断电。当车辆未起动时,L 线至发电机内部电路接通,蓄电池通过发电机 B+ 接线柱给发电机励磁绕组供电,通过转子线圈接地 L 电压较低。当车辆起动后,发电机由他励磁转变为自励,L 线至发电机内部电路断开,L 电压较高。L 线起动前后波形变化如图 1-48 所示。

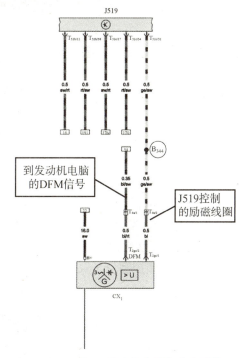

图 1-47　迈腾 B7 发电机电路部分电路简图

图 1-48　L 线起动前后波形变化

L 线对地短路,发电机不工作,但无故障记忆(速腾车试验结果)。L 先对正极短路,发电机正常工作,无故障记忆,如图 1-49 所示。

当点火开关打开时,控制电流转换到调节器。发电机静止时接线端"L"的电压约为 1 V,也就是低电平。当控制电流流动时,调节器将预激励电流切换至励磁绕组。在新型的紧凑型发电机上,该电流从 B+ 流向励磁线圈。如果在 B+ 到发电机的导线上测量,该电流约为 100 mA。

当发电机工作时,调压器将车载电压切换到"L"线路,也就是高电平。J519 通过 CAN 总线将相应的电平状态发送到组合式仪表盘,从而控制蓄电池的控制灯。出于诊断目的,可以通过 L 导线正极短路和对地短路产生电平状态,以此来检查导线和蓄电池控制功能。当出现过电压的情况时，调压器将一个低电平作为过压警告。

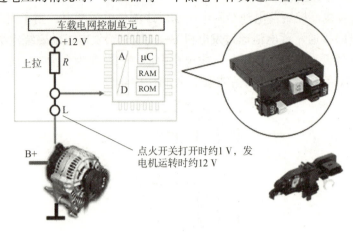

图 1-49　接线端 L 的控制

② 接线端 DFM 的控制。

DFM 是 Dynamo Field Monitor（发电机现场监控器）的英文缩写。当发动机控制单元工作时，为上拉电阻提供 12 V 电压。当交流发电机静止时，调压器调制一个恒定的 PWM 信号用于诊断检测。当交流发电机运转时，励磁线圈的输出级信号被作为处理过的 PWM 信号发送到发动机控制单元。DFM 控制信号及其波形，如图 1-50、图 1-51 所示。

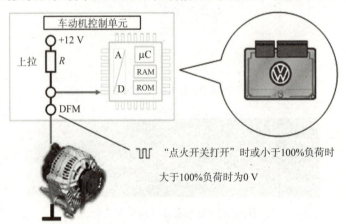

图 1-50　接线端 DFM 的控制

图 1-51　DFM 线 PWM 信号波形

调制与发电机的负荷有关。若存在调制，则意味着负荷小于 100%。0 V 电平表示励磁线圈由于调压而不再被切断，此时负荷大于 100%。故障诊断过程中，可以通过诊断仪读取 DFM 调制信号测量值，即发电机负荷值，如图 1-52 所示。

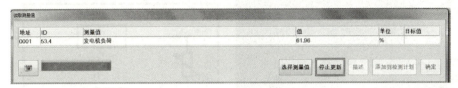

图 1-52　诊断仪读取发电机负荷信号测量值

（2）蓄电池电流传感器。

① 电流传感器。

电流传感器是一种检测装置，能感受到被测电流的信息，并能将检测到的信息，按一定规律变换成为符合一定标准需要的电信号或其他所需形式的信息输出，以满足信息的传输、处理、存储、显示、记录和控制等要求。霍尔电流传感器是其中一种，应用于汽车电路蓄电池传感器处，测量蓄电池的充放电电流，保证蓄电池电量正常，满足起动要求，多用于自动起停功能的车辆。

霍尔电流传感器可以测量各种类型的电流，从直流电到几十千赫兹的交流电，其所依据的工作原理主要是霍尔效应，如图 1-53 所示。

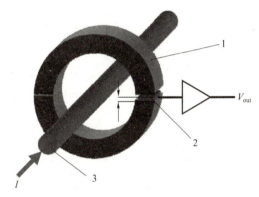

图 1-53　霍尔电流传感器

1—导磁体；2—霍尔元件；3—电流载体

被测电流的电流载体穿过导磁体，在导磁体内产生磁场，磁力线集中在磁芯气隙周围，内置在磁芯气隙中的霍尔元件可产生和导磁体磁力线成正比的电压。通过电压的高低判定电流载体中的电流大小。

② 蓄电池监控控制单元。

现在车辆，尤其是带有自动起停功能的车辆，会在蓄电池负极柱上安装蓄电池监控控制单元，或者蓄电池传感器，用来识别蓄电池状态，测量的参数主要有蓄电池电流（充电和放电电流）、蓄电池电压和蓄电池温度。

其中，蓄电池电流（充电和放电电流）的检测就需要霍尔式电流传感器。流入蓄电池负极的总电流流经控制控制单元中的 1 个霍尔元件，作用在霍尔元件上的电压与电流成正比，CPU 可以测量电压降，进而计算回流到蓄电池中的电流，如图 1-54 所示，在安装新车辆蓄电池时，必须将其与蓄电池监控控制单元进行匹配。

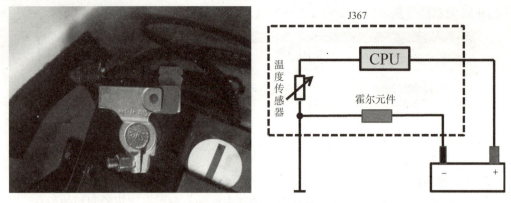

图1-54 蓄电池负极处监控控制单元

③ 蓄电池监控控制单元电路识读。

蓄电池监控控制单元中的电流传感器为有源式的传感器,传感器有三条线,分别为电源线、LIN信号线、接地线,如图1-55所示。测量LIN信号线,可以得到LIN总线波形。

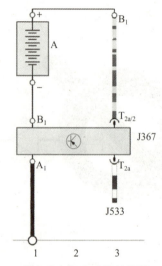

图1-55 蓄电池负极处监控控制单元电路图

(三)任务拓展

车辆中,随着电子组件的数量不断增多,对电能的需求也越来越大。车辆中的电能是由蓄电池以及发电机提供的。所以需要一个系统来进行电源能量管理,以保证车辆蓄电池的电量能够至少完成下一次起动。这个系统就是电源智能管理系统。对车内用电设备实施管理,可以有效防止蓄电池放电,保证车辆正常起动。

现在的电源智能管理系统功能则更加丰富。发电机输出电压的高低由产生磁通量的励磁电流大小和发动机转速决定,当电子组件用电量越来越多后,车载电网电压会降低,此时需要提高发电机输出电压,当励磁电流无法再有更大的提高时,只能通过发动机转速的提升来提高发电机输出。如果怠速转速上升后,车载电网电压仍持续降低,则系统会通过车载电网控制单元逐个关闭舒适电子系统的用电器,如图1-56所示。

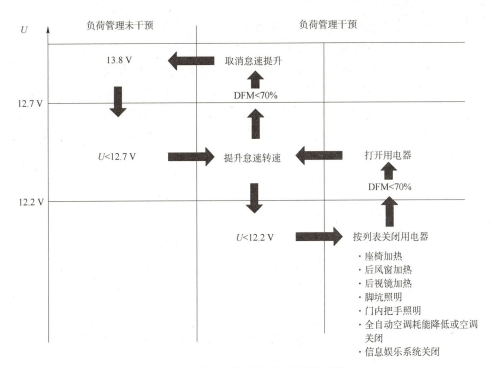

图 1-56 电源 / 车载电网智能管理系统

现在对于带有起停装置的车辆，电源 / 车载电网智能管理系统能起到更大作用，比如能收集电源电压、温度、电流的实时数据，并根据大数据对电源系统进行更智能的管理。

能量回收功能就是电源管理系统智能管理的重要组成部分。能量回收功能可以在两个不同的行驶模式下进行能量回收，如图 1-57 所示。在牵引行驶阶段，发电机的输出电压下降到蓄电池电压（12.5 V）以下，发电机的输出电流也同时下降。这样，发动机的负载也减小，所以，油耗以及二氧化碳排量都减小。在这段时间内，蓄电池作为车载电源供电。与牵引阶段相反，在发动机滑行阶段中，发电机的电压再次升高，重新为蓄电池充电。

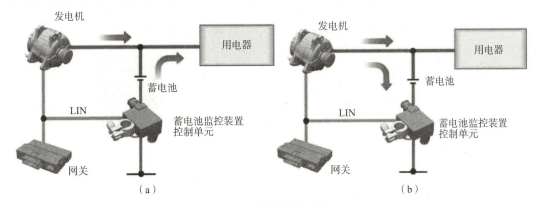

图 1-57 能量回收系统
（a）牵引行驶阶段；（b）滑行阶段

不同车辆的电源智能管理系统控制单元和信号传递路径略有不同，但多数会设有专门的发电机信号线和蓄电池监控单元,蓄电池监控单元安装在蓄电池负极,通过检测蓄电池的各种参数信息,进行电源的智能管理。

以奥迪车辆为例,自2008年6月起在奥迪A6和奥迪Q7车内就安装有蓄电池监控装置控制单元J367,控制单元直接安装在蓄电池负极上,如图1-58所示。其主要功能是实时监控车辆蓄电池的充电电流和放电电流、蓄电池电压、蓄电池温度;并将信息通过LIN总线传递给网关控制单元J533,与其他控制单元进行信息共享,以实现电源的智能管理。

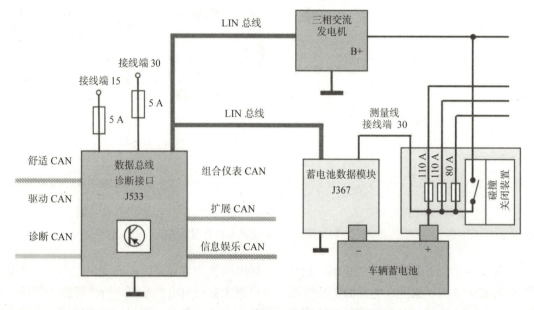

图1-58 奥迪车辆电源/车载电网智能管理系统举例

三、参考书目

序列	书名,材料名称	说明
1	《汽车电气系统故障诊断与维修》	主编 张军 高等教育出版社
2	实训车辆用户手册、维修手册、电路图	迈腾B8电路图

模块二

汽车起动系统检修

课程任务与能力矩阵
"汽车电器设备检修"学习任务图表

模块名称	任务名称		难度描述
模块一 汽车电源系统检修	任务1.1	蓄电池故障诊断与维修	汽车运用与维修1+X初级/汽车维修工初级
	任务1.2	发电机故障警告灯常亮故障诊断与维修	汽车运用与维修1+X中级/汽车维修工中级
模块二 汽车起动系统检修	任务2.1	起动系统认识	汽车运用与维修1+X初级/汽车维修工初级
	任务2.2	起动系统主电源电路的故障诊断	汽车运用与维修1+X中级/汽车维修工中级
	任务2.3	起动系统控制电路的故障诊断	汽车运用与维修1+X高级/汽车维修工高级
	任务2.4	起动系统信号电路的故障诊断	汽车运用与维修1+X初级/汽车维修工高级
模块三 照明与信号系统检修	任务3.1	灯光认识与操作	汽车运用与维修1+X初级/汽车维修工初级
	任务3.2	汽车前照灯的更换	汽车运用与维修1+X中级/汽车维修工中级
	任务3.3	左前近光灯不亮故障诊断	汽车运用与维修1+X中级/汽车维修工中级
	任务3.4	智能灯光系统故障检修	汽车运用与维修1+X高级/汽车维修工高级
	任务3.5	转向信号灯不亮故障检修	汽车运用与维修1+X中级/汽车维修工中级
	任务3.6	汽车喇叭不工作故障检修	汽车运用与维修1+X高级/汽车维修工高级
模块四 仪表与警告系统检修	任务4.1	仪表与警告系统检修	汽车运用与维修1+X初级/汽车维修工初级
	任务4.2	保养周期复位	汽车运用与维修1+X初级/汽车维修工初级
模块五 风窗清洁系统检修	任务5.1	汽车刮水器的操作与维护	汽车运用与维修1+X初级/汽车维修工初级
	任务5.2	汽车后窗玻璃加热不工作故障检修	汽车运用与维修1+X中级/汽车维修工中级
	任务5.3	汽车刮水器不工作故障检修	汽车运用与维修1+X高级/汽车维修工高级

任务 2.1 起动系统认识

一、任务信息

任务难度	初级		
学时	4学时	班级	
成绩		日期	
姓名		教师签名	
案例导入	车主抱怨车辆无法起动。服务顾问要求维修人员对起动系统进行诊断与维修，在维修过程中准确查找起动机位置，了解起动条件、起动注意事项，认识起动系统电路		
能力目标	知识	1. 掌握起动系统的组成； 2. 掌握起动机的结构和原理	
	技能	1. 能够正确起动车辆； 2. 能够识读汽车起动系统电路图	
	素养	1. 能够展示操作成果； 2. 能够按照保养手册和维修手册给定流程严谨规范操作； 3. 能够与团队成员协作完成任务	

二、任务流程

（一）任务准备

如果需要认识汽车起动系统，识读起动系统电路图，查找起动机位置，了解起动的条件及注意事项，并且能够正确起动车辆，需要做哪些准备工作？具体的操作步骤有哪些？请查看下图二维码进行学习。

起动机结构和原理

（二）任务实施

任务 2.1.1 起动机认识

根据能力素质培养要求，通过实训和技能训练完成以下工作任务，填写下列工作表。

1. 工作表 起动机认识

（1）请根据下图描述起动机的位置和作用。

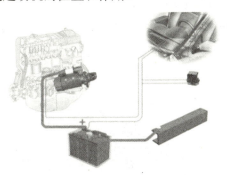

① 位置：_____
② 作用：_____

（2）请写出方框内起动机的组成结构名称及作用。

_____

（3）请在实车上找到起动机的 30 端子，50 端子，C 端子。

_____
_____
_____

（4）简述车辆的起动方法，并正确起动车辆。

_____
_____
_____

2. 参考信息

（1）起动机的结构。

起动机一般由直流电动机、传动机构和操纵机构三部分组成，如图 2-1 所示。

① 直流电动机。电动机的作用是将蓄电池输入的电能转换为机械能，产生电磁转矩。

②传动机构。传动机构又称起动机离合器、啮合器。传动机构的作用是在发动机起动时使起动机轴上的小齿轮啮入飞轮齿环,将起动机的转矩传递给发动机曲轴;在发动机起动后又能使起动机小齿轮与飞轮齿环自动脱开。

③操纵机构。操纵机构的作用是用来接通和断开电动机与蓄电池之间的电路。

图 2-1　起动机结构

1—传动机构;2—电磁开关;3—直流电动机

(2)直流电动机。

直流电动机的作用:将蓄电池输入的电能转换为机械能,产生电磁转矩。其由以下结构组成:电枢、换向器、磁极、电刷和电刷架等,如图 2-2 所示。

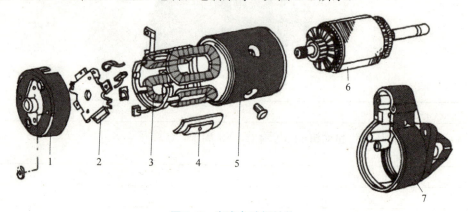

图 2-2　直流电动机结构

1—端盖;2—电刷和刷架;3—磁场绕组;4—磁极铁芯;5,6—机壳;7—后端盖

①电枢。

电枢是直流电动机的旋转部分,包括电枢轴、换向器、电枢铁芯、电枢绕组等部分。

为了获得足够的转矩,通过电枢绕组的电流一般为 200~600 A,因此电枢绕组采用较粗的矩形裸铜线绕制出成型绕组。

②换向器。

作用:向旋转的电枢绕组注入电流。

结构：由许多截面呈燕尾形的铜片围合而成；铜片之间由云母绝缘；电枢绕组各线圈的端头均焊接在换向器的铜片上，如图2-3所示。

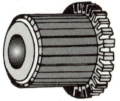

图2-3　换向器

③磁极。

功用：产生磁场（永磁体和电磁铁）。

电磁铁结构：由固定在机壳内的磁极铁芯和磁场绕组线圈组成。两对磁极相对交错安装在电极的壳体内，定子和转子铁芯形成的磁通回路如图2-4所示。

图2-4　磁极

1—磁极铁芯；2—外壳；3—励磁线圈

④电刷与电刷架。

电刷架通常为框式结构，其中正极电刷架绝缘固定在端盖上，负极电刷架与端盖直接相连并搭铁。电刷由铜粉（80%~90%）和石墨粉（10%~20%）压制而成，呈棕红色，置于电刷架中，有较强弹性的盘形弹簧将电刷压靠在换向器上，如图2-5所示。

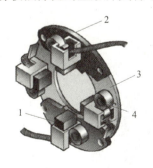

图2-5　电刷

1—电刷；2—电刷座；3—接地板；4—电刷弹簧

（3）传动机构。

传动机构具有以下作用：在发动机起动时使起动机轴上的小齿轮啮入飞轮齿圈，将起动机的转矩传递给发动机的曲轴；在发动机起动后又能使起动机小齿轮与飞轮齿圈自动脱开。传动机构由以下结构组成：驱动齿轮、单向离合器、拨叉、啮合弹簧等如图2-6所示。

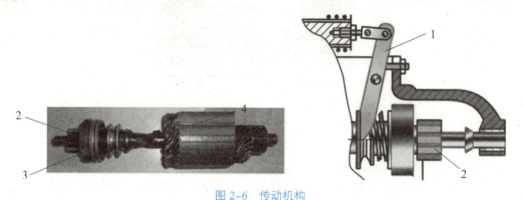

图2-6　传动机构

1—拨叉；2—驱动齿轮；3—单向离合器；4—电枢轴

① 离合器。

种类：滚柱式单向离合器、摩擦片式单向离合器、弹簧式单向离合器。

作用：将电动机的电磁转矩传递给发动机使之起动，同时又能在发动机起动后自动打滑，保护起动机不致飞散损坏。

② 行星齿轮。

传动过程是从直流电动机经齿轮到汽车发动机，在此传动比起到了重要的作用，根据起动机-发动机不同的组合方式，有各种不同的传动比。例如起动机小齿轮需要转动10圈，飞轮的大齿轮只需转动一圈。某些发动机需要很大力量才能转动，此时应该配备一个强大的起动机外加一个齿轮传动机构。行星齿轮传动机构的工作原理如下：在这个传动机构中，众多齿轮相互协作。直流电动机驱动太阳轮行星齿轮支撑在固定的空心轮上，行星齿轮将力传递到起动机小齿轮所在的轴上。行星齿轮传动机构将直流电动机的高转速转化为较低的小齿轮转速，因此在小齿轮上作用较大的力，这样即便是小小的直流电动机也可以顺利地起动汽车发动机，如图2-7所示。

图2-7　行星齿轮

(4) 操纵机构。

操纵机构具有以下作用：控制驱动齿轮的啮合与退回；用来接通和断开电动机与蓄电池之间的电路。起动机的操纵机构一般又称电磁开关，主要由主接线柱、接触盘、吸引线圈、保持线圈和活动铁芯等组成，如图2-8所示。

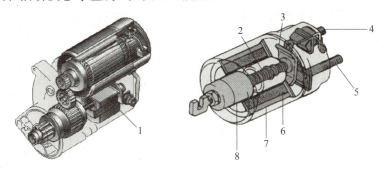

图2-8　操作机构

1—电磁开关；2—回位弹簧；3—接触片；4—端子30；5—端子C；6—吸引线圈；7—保持线圈；8—活动铁芯

① 直接控制电磁开关。

在一些起动机功率小于1.2 kW轿车电路中，由点火开关直接控制通过起动机的吸引、保持线圈的电流，如图2-9所示。

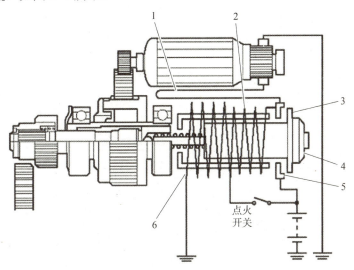

图2-9　直接控制电磁开关电路

1—励磁线圈；2—索引线圈；3—主轴点；4—柱塞；5—接触片；6—保持线圈

操纵机构工作过程如下：

a. 起动机不工作时，驱动齿轮处于与飞轮齿轮脱开啮合位置，电磁开关中的接触盘与各接触点分开，如图2-9所示。

b. 将起动开关接通时，分三个阶段：

第一阶段为吸引阶段，如图2-10所示，吸引线圈（牵引线圈、吸拉线圈）、保持线圈同时工作，其电流回路为：

蓄电池（+）→点火开关→吸引线圈→励磁绕组→搭铁→蓄电池（-）
　　　　　　↘保持线圈→搭铁→蓄电池（-）

此时，吸引线圈和保持线圈磁场方向相同，活动铁芯在电磁力作用下克服回位弹簧的弹力向内移动，压动推杆使起动机主开关接触盘与接触点靠近，与此同时带动拨叉将驱动小齿轮推向啮合；当驱动小齿轮与飞轮齿环接近完全啮合时，接触盘已将触点接通，起动机主电路接通。

蓄电池（+）→点火开关→电磁开关触点→励磁绕组→搭铁→蓄电池（-）

直流电动机产生强大转矩，通过接合状态的单向离合器传给发动机飞轮齿环。

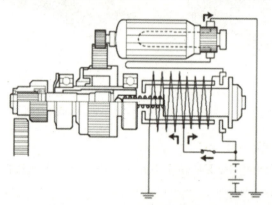

图 2-10　吸引线圈（牵引线圈、吸拉线圈）、保持线圈同时工作状态

第二阶段为保持阶段，如图 2-11 所示，主开关接通后，吸引线圈被主开关短路，电流消失，活动铁芯在保持线圈电磁力作用下保持在吸合位置。

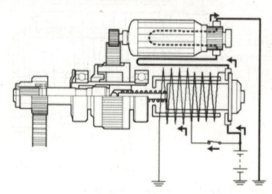

图 2-11　保持线圈通电处于磁力保持阶段

发动机起动后，飞轮转动线速度超过了起动机驱动小齿轮的线速度，单向离合器打滑，避免了电枢绕组高速飞散的危险。

第三阶段为断开阶段，如图 2-12 所示，松开起动开关时，起动控制电路断开，但电磁开关内吸引线圈和保持线圈通过仍然闭合的主开关得到电流。因吸引线圈和保持线圈磁场方向相反，相互削弱，活动铁芯在回位弹簧作用下迅速回位，使驱动小齿轮脱开啮合，主开关断开，起动机停止工作，起动结束。

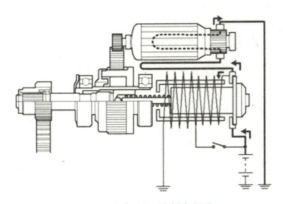

图 2-12 电磁开关断电状态

② 带起动继电器控制的电磁开关。

带起动继电器控制的电磁开关电路如图 2-13 所示。

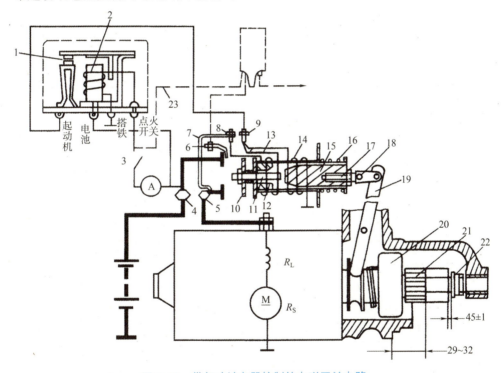

图 2-13 带起动继电器控制的电磁开关电路

1—起动继电器触点；2—起动继电器线圈；3—点火开关；4、5—主接线柱；6—附加电阻短线接线柱；7—导电片；8—吸引线圈接线柱；9—起动机接线柱；10—接触盘；11—推杆；12—固定铁芯；13—吸引线圈；14—保持线圈；15—活动铁芯；16—回位弹簧；17—调节螺钉；18—连接叉；19—拨叉；20—滚柱式离合器；21—驱动齿轮；22—止推螺母；23—点火线圈附加电阻线

发动机起动时，将点火开关钥匙旋至起动挡，起动继电器通电后，吸下可动臂使触点闭合，接通了电磁开关线圈电路，起动机投入工作。发动机起动后，只需松开点火开关钥匙，点火开关自动转回到点火工作挡，起动继电器线圈断电触点打开，电磁开关也随即断

开，起动机停止工作。

利用起动继电器控制电磁开关，能减小通过点火开关起动触点的电流，避免烧蚀触点，延长使用寿命。有些汽车上的起动继电器在改进控制电路以后，还能起到自动停止起动机工作及安全保护的作用。

任务 2.1.2 起动系统电路图识读

根据能力素质培养要求，通过实训和技能训练完成以下工作任务，填写下列工作表。

1. 工作表 起动系统电路图识读

1）查询电路图，记录点火开关或转向柱控制单元侧针脚信息。

（1）不带控制单元的点火开关。

元件名称	针脚号	线束颜色	针脚说明
点火开关			□30 □15 □50 □S □P □75（X）
			□30 □15 □50 □S □P □75（X）
			□30 □15 □50 □S □P □75（X）
			□30 □15 □50 □S □P □75（X）
			□30 □15 ☑50 □S □P □75（X）
			□30 □15 □50 □S □P □75（X）

（2）带控制单元的点火开关。

元件名称	点火开关插头编号	针脚号	针脚说明
转向柱控制单元侧			□30 □15 □50 □S □P □75（X）
			□30 □15 □50 □S □P □75（X）
			□30 □15 □50 □S □P □75（X）
			□30 □15 □50 □S □P □75（X）
			□30 □15 □50 □S □P □75（X）
			□30 □15 □50 □S □P □75（X）

注：转向柱控制单元处连接多个电器元件，例如点火开关、组合灯光开关、刮水器开关等，为便于区分各电器元件与转向柱控制单元连接插头，对连接插头进行了编号。

2）无起动继电器（捷达1984）起动系统分析。

（1）确定实训车辆车型，翻阅电路图，查找起动系统电路图。

车型	捷达1984
起动机电路图位置	电路编号_____
起动机	电器元件编号_____
是否有起动继电器	是□ 否□
是否有起动机熔断器	是□ 否□
蓄电池	电器元件编号_____
蓄电池与起动机哪个端子相连	端子号_____
点火开关控制回路与起动机哪个端子相连	端子号_____

（2）请参照电路图描述起动过程。

_____

_____

3）带有起动继电器（捷达2005）起动系统分析。

（1）确定实训车辆车型，翻阅电路图，查找起动系统电路图。

车型	捷达2005
起动机电路图位置	电路编号_____
是否有起动继电器	是□　否□
起动继电器	电器元件编号_____
是否有起动机熔断器	是□　否□
蓄电池与起动机哪个端子相连	端子号_____
继电器控制回路与起动机哪个端子相连	端子号_____

（2）请参照电路图描述起动过程。

_____

_____

4）带有控制单元（速腾2009）起动系统分析。

（1）确定实训车辆车型，翻阅电路图，查找起动系统电路图。

车型	速腾2009
起动机电路图位置	电路编号_____
是否有起动继电器	是□　否□
起动继电器	电器元件编号_____
蓄电池与起动机哪个端子相连	端子号_____
继电器控制回路与起动机哪个端子相连	端子号_____
点火开关将信号传递给哪个控制单元	控制单元名称_____
哪个控制单元为继电器线圈供电	控制单元名称_____

（2）请参照电路图描述起动过程。

_____

_____

5）一键起动式（迈腾B8）起动系统分析。

（1）确定实训车辆车型，翻阅电路图，查找起动系统电路图。

车型	迈腾B8
发动机型号	_____
起动机电路图位置	电路编号_____
起动继电器	数量_____ 电器元件编号_____ 电器元件编号_____
起动机熔断器（50）	电器元件编号_____
蓄电池与起动机哪个端子相连	端子号_____
继电器控制回路与起动机哪个端子相连	端子号_____

（2）请参照电路图描述起动过程。

_____

_____

2. 参考信息

（1）点火开关认识。

汽车上所有用电设备的接通和停止，都必须经过开关控制。对开关的要求是坚固耐用、安全可靠、操作方便、性能稳定。点火开关按照操作方式主要分为以下几种类型：旋转式、滑动式、滚轮式、推杆式等。以旋转式点火开关为例，如图 2-14 所示，通过传动杆传递的扭矩，转动点火转子，固定在点火转子上的触片转动与底座上的不同的导电片接触，实现不同的挡位电位。点火开关常见挡位：锁住方向盘转轴（LOCK 挡），接通组合仪表（ON 或 IG 挡），起动发动机（ST 或 START 挡）、电气附件供电（ACC 挡一般用于收音机供电）。

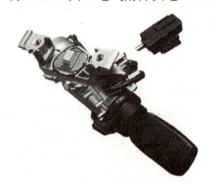

图 2-14　旋转式点火开关

开关在电路图中的表示方法有多种，常见的有：结构图表示法、表格表示法和图形符号表示法等。下面以柴油车一般采用的点火开关为例，介绍电路中开关的表示方法，如图 2-15 所示。

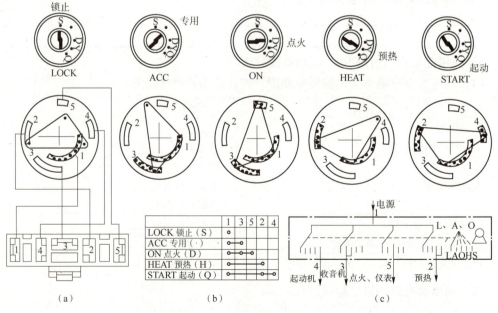

图 2-15　点火开关的三种表示方法
(a) 结构图表示法；(b) 表格表示法；(c) 图形符号表示法

（2）端子定义。

接线端子是为了方便导线的连接而应用的，实际是位于导线末端的金属片。导线通过接端子可以实现导线与插接器、导线与电器元件、导线与控制单元的连接。为了便于识别各个接线端子的功能，对汽车电路中常见端子进行了编号，以大众轿车为例常见端子如表 2-1 所示。

表 2-1　大众轿车常见端子定义

接线柱	代表含义	零件组	接线柱	代表含义	零件组
B+	蓄电池正极	蓄电池	30a	正极/熔断器保护	供电系统
B-	蓄电池负极	蓄电池	31	接地	供电系统
D+	发电机正极	发电机	49	转向灯输入端	转向灯系统
D-	发电机负极	发电机	49a	转向灯输出端	转向灯系统
DF	发电机磁场	发电机	49c	转向灯附加输出	转向灯系统
U、V、W	发电机接线柱	发电机	50	起动控制	起动机
L	左转向灯	转向灯系统	50b	起动控制	起动锁止
R	右转向灯	转向灯系统	53	刮水器输入端	刮水器
X	起动时的卸荷电压	供电系统	53a	终端调节	刮水器
K	自诊断接线	自诊断数据传输线	53b	刮水器电机的并联线圈	刮水器
56	前大灯/停车灯	照明系统	56b	近光灯	照明系统
56a	远光灯	照明系统	53e	刮水器电机的阻尼线圈	刮水器
15	点火开关接通时正极电流	供电系统	58	示廓灯、杂物箱灯	照明系统
30	恒定电流—正极	供电系统			

下面以大众轿车点火开关为例，如图 2-16 所示，说明 30、15、75（X）、50、S、P 等端子的功能。

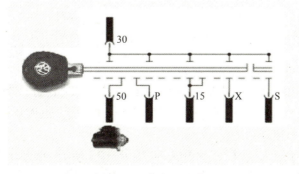

图 2-16　点火开关端子

图 2-16 中所示 30、15、75（X）、50、S、P 等各个端子功能如下：

30：蓄电池常供电端子，点火开关关闭后此端子仍进行供电。例如汽车上示廓灯、尾灯、仪表照明灯、牌照灯等用电器为 30 端子供电。

15：点火开关点火接通时带电，为起动相关用电器进行供电。

75（X）：点火开关接通时带电，也称为卸荷电。根据车型不同，起动时会关闭与起动无关的大功率用电器。

50：点火开关位于起动挡时接通带电，起动机电磁开关/点火开关的输出端的连接端。

S：插入钥匙时通电，拔下钥匙时断电，用于电气附件供电。

P：点火开关关闭时带电，主要用于车辆驻车灯供电。

（3）点火开关状态分析。

① 不带控制单元的点火开关电流路径分析。

当点火开关置于不同挡位时，点火开关端子之间的连通形成不同的电流流向，以大众轿车为例，不带控制单元的点火开关各个挡位电流流向如图 2-17 所示。

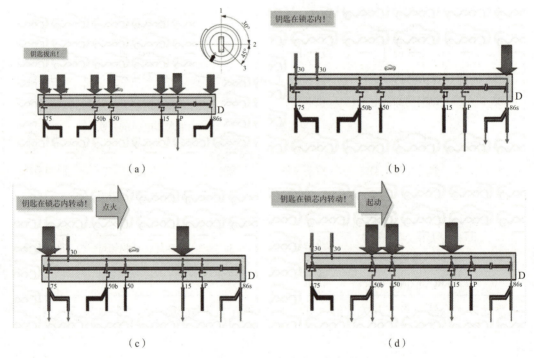

图 2-17 点火开关不同挡位的电流流向

(a) 点火钥匙拔出时；(b) 点火开关处于关闭挡；(c) 点火开关处于点火挡；(d) 点火开关处于起动挡

点火开关处于不同挡位的电流流向为：

（a）点火钥匙拔出时，点火开关 30 端子→P 端子。此时 P 端子带电。

（b）点火开关处于关闭挡时，点火开关 30 端子→P 端子；点火开关 30 端子→S 端子。此时 P 端子与 S 端子带电。

（c）点火开关处于点火挡时，点火开关 30 端子→15 端子；点火开关 30 端子→75（X）端子；点火开关 30 端子→S 端。此时 15、75（X）、S 端子带电。

(d) 点火开关处于起动挡时，点火开关 30 端子→15 端子；点火开关 30 端子→50，50b 端子；点火开关 30 端子→S 端子。此时 15、50、50b、S 端子带电。

下面以 1984 年捷达点火开关起动挡电路为例，分析从蓄电池、点火开关至起动机的电流流向，如图 2-18 所示。

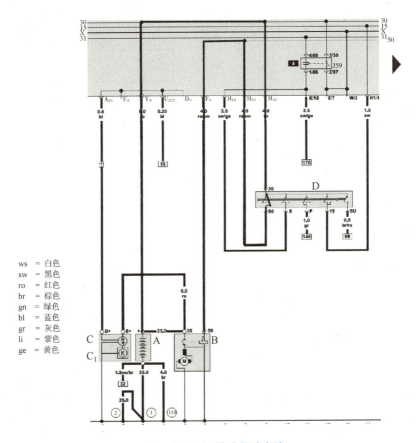

图 2-18　1984 捷达起动电路

电流流向：蓄电池正极接线柱→中央接线盒 $Y_{/3}$ 插脚→中央接线盒内部 30 线→中央接线盒 $H_{1/2}$ 引脚→点火开关 30 端子→点火开关 50 接线柱→中央接线盒 $H_{1/1}$ 插脚→中央接线盒内部 50 线→中央接线盒 $F_{/3}$ 插脚→起动机控制端 50 端子。

② 带控制单元的点火开关电流路径分析。

点火开关与控制单元相连接，不再作为直接控制电流通断的电路元件，而是作为控制单元的"电信号"输入信号。控制单元检测点火开关向控制单元所定义的不同接脚提供的不同"电信号"来判断点火开关挡位状态，由电控单元给相应端子供电。下面以大众速腾轿车介绍 15、50 供电机理。如图 2-19 所示。

15 电供电机理：当点火开关处于点火挡时，点火开关 30 引脚与 15 引脚接通，转向柱控制单元 J527 检测点火开关 15 引脚接通状态，通过信号线"$T_{20/17} \to G_{11}$""$T_{20/18} \to G_1$"与 CAN 总线传递点火开关状态至 J519 控制单元，J519 控制单元根据点火开关状态为 J329 继电器电磁线圈供电，J329 继电器触点接通，J519 控制单元通过继电器 J329 形成 15 电。

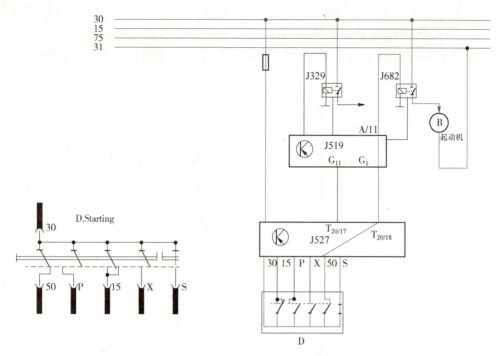

图 2-19　大众轿车 15、50 供电机理

50 电供电机理：当点火开关处于起动挡时，点火开关 30 引脚与 50 引脚接通，转向柱控制单元 J527 检测点火开关 50 引脚接通状态，通过信号线 "$T_{20/17} \to G_{11}$" "$T_{20/18} \to G_1$" 与 CAN 总线传递点火开关状态至 J519 控制单元，J519 控制单元根据点火开关状态给 J682 继电器控制线圈供电，J682 继电器触点接通，J519 控制单元通过继电器 J682 形成 50 电。

（4）一键起动式的起动系统。

随着人们对操作便利性和安全性的需求提高，一键起动在车辆上获得了大量应用，点火和起动端子控制的方式也发生了很多变化。起动继电器的控制由原来的 J519 主控变为发动机控制单元主控。起动继电器由原理的一个继电器变成两个继电器串联交替控制断开，减少了触点的烧蚀概率。一键起动式的起动系统原理如图 2-20 所示。

迈腾 B8 就是采用这样的控制方式，迈腾轿车的起动电路包括：蓄电池、起动机、点火开关、发动机控制单元 J623、进入及起动系统接口 J965、制动信号灯开关 F、双离合器变速箱机电装置 J743、起动继电器 J906、起动继电器 J907 等。

对于迈腾 B8 起动系统，车辆起动一般需要按下点火开关 J965 将起动请求信号传递给 J623；操作选挡杆，J743 将 P/N 挡位信号传递给 J965；还需踩下制动踏板即制动信号灯开关 F 将制动信号传递给 J965。J623 判断起动条件是否满足，条件满足之后才会控制两个起动继电器去吸合，吸合之后将 50 电给到起动机，并将信息反馈给 J623。

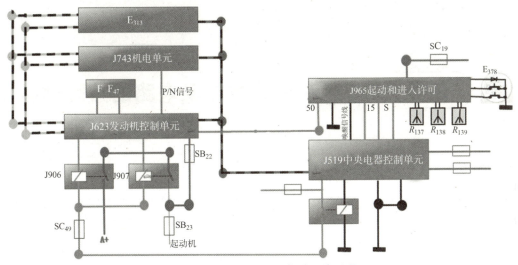

图 2-20 一键起动式的起动系统原理

(三) 任务拓展

（1）起动机的正确使用。

① 起动机每次起动时间不超过 5 s，再次起动时应停止 2 min，使蓄电池得以恢复。如果连续 3 次起动，应在检查与排除故障的基础上停歇 15 min 以后。

② 在冬季或低温情况下起动时，应采取保温措施，例如先将发动机手摇预热后，再使用起动机起动。

③ 发动机起动后，必须立即切断起动机控制电路，使起动机停止工作。

（2）起动机的检查。

起动机外部应经常保持清洁，各连接导线特别是与蓄电流相连接的导线，都应保证连接牢固可靠；汽车每行驶 3 000 km，应检查与清洁换向器，擦去换向器表面的碳粉和脏污；汽车每行驶 5 000~6 000 km，应检查测试电刷的磨损程度以及电刷弹簧的压力，均应在规定范围之内；每年对起动机进行一次解体性保养。

三、参考书目

序列	书名，材料名称	说明
1	《汽车电气系统故障诊断与维修》	主编 张军 高等教育出版社
2	捷达1984电路图、捷达2005电路图、速腾2009电路图、迈腾B8（2017）电路图	捷达 1984 电路图　　捷达 2005 电路图 速腾 2009 电路图　　迈腾 B8（2017）电路图

任务 2.2 起动系统主电源电路的故障诊断

一、任务信息

任务难度	中级		
学时	4学时	班级	
成绩		日期	
姓名		教师签名	
案例导入	汽车无法起动，维修技师判定故障在起动主电路中，需要你对主电源电路进行故障诊断		
能力目标	知识	1. 掌握起动系统的组成。 2. 掌握起动机的结构和原理。 3. 能够对起动系统进行分析	
	技能	能够在起动装置上进行电压损失测量	
	素养	1. 能够具有团队协作精神。 2. 能够具有严谨的工作态度	

二、任务流程

（一）任务准备

起动系统主电源电路在起动时，会产生非常大的起动电流，蓄电池电压也会有明显变化。此时很小的接触电阻会产生很大的电压降，当电压降达到一定值时，会影响控制单元的正常工作，直至影响车辆正常起动。为了解决因起动系统主电源电路负载电压损失而引起的车辆无法起动问题，需要学员具备一定的理论知识，了解起动机的结构和工作过程，可以识读不同车型的起动系统主电源电路图，掌握起动的工作原理。在此基础上，能够对实车上易产生电压损失的故障位置进行电压检测，找到故障解决问题，帮助客户完成车辆起动。具体测量过程参见二维码视频。

起动系统负载电压测量

（二）任务实施

任务 2.2.1 起动系统主电源电路分析

根据能力素质培养要求，通过实训和技能训练完成以下工作任务，填写下列工作表。

1. 工作表 起动系统主电源电路分析

1）画出起动系统主电源电路图。

（1）确定实训车辆车型，翻阅电路图，查找起动系统主电源电路图。

车型	_____
发动机型号	_____
起动机电路图位置	电路编号_____
起动机	电器元件编号_____
起动机熔断器（50）	电器元件编号_____
蓄电池	电器元件编号_____
蓄电池与起动机哪个端子相连	端子号_____
继电器控制回路与起动机哪个端子相连	端子号_____

（2）画出起动系统主电源电路简图。

（3）根据起动系统主电源电路图，在实车中找到对应的位置。

名称	实车中对应的位置
蓄电池	
蓄电池正负极柱	
起动机	
起动机30接线柱	
起动机接地线	

2）起动电流和蓄电池电压检测。

（1）选择合适的测量设备并连接。

① 若起动机功率为 $P=1.8$ kW，则预估起动电流 $I=$_____ A。

② 电流感应钳规格选择（　　）。

A. 100 A　　　　　　　　B. 1 800 A

③示波器 DSO1 电缆连接在蓄电池正负极柱上，测量（　　）；万用表连接在蓄电池正负极柱上测量（　　）。

A．蓄电池电压波形变化　　　　　　B．蓄电池电压数值变化

（2）选择测量条件，在正确选项的方框里打√。

□起动过程中测量　　　　□不需要起动即可测量

（3）记录测量结果。

① 起动电流最高值。

_____
_____
_____

② 蓄电池电压最低值。

_____
_____
_____

③ 根据电压值和电流值计算接触电阻。

_____
_____
_____

④ 画出蓄电池电压变化波形图。

⑤ 画出起动电流变化波形图。

3）起动系统主电源电路分析。

当满足起动条件时，继电器控制回路给起动机_____端子供电，主电源电路接通，_____向起动机_____端子供电，起动系统主电源电路在起动时，会产生_____以上起动电流，蓄电池电压明显降低再升高。此时很小的接触电阻会产生很大的电压降，当电压降达到一定值时，会影响控制单元的正常工作，直至影响车辆正常起动，此时则需要进行电压降测试。

2. 参考信息

电流感应钳使用的注意事项。

电流感应钳在测量电流时不需要破坏电路，使用时应注意以下几点：

（1）测量前将电流感应钳空置进行校准。

（2）如果在电流感应钳有电流通过时进行校准，则该电流被设为 0 值，之后的测量结果就不再准确。

（3）待测导线应为单根或同方向的一束，不可夹在方向不同的多根导线上。

（4）夹好后电流感应钳应处于闭合状态，100 A 的电流感应钳完全闭合时红色指示灯熄灭。1 800 A 电流感应钳无指示灯，需要观察是否夹好。

（5）电流感应钳箭头最好和电流方向一致，此时数值为正，若方向不一致，数值为负。

（6）诊断仪测量时有两种方式显示电流读数，分别是万用表模式和示波器模式，万用表模式下，选择 SZ，就可以看到电流读数；示波器模式下，选择 SZ 通道，就可以看到电流随时间变化的波形，调节合适的横纵坐标读数，可以得到更合适的波形图。

任务 2.2.2 起动系统主电源电路负载电压测量

根据能力素质培养要求，通过实训和技能训练完成以下工作任务，填写下列工作表。

1. 工作表　起动系统主电源电路负载电压测量

1）在起动系统主电源电路图中找到易产生电压损失的故障位置。

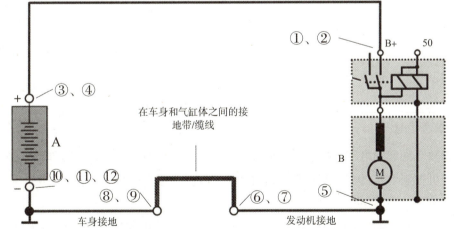

2）对比步骤 1）中所示的位置，在实车中找到易产生电压损失的故障点，测量电压降，并对测量值进行判断，如果测量值异常，则需要进一步检查。

（1）选择主电源电路各点电压降的测量条件，在正确选项的方框里打√。

　　□起动过程中测量　　　　□不需要起动即可测量

（2）主电源电路各点电压降的测量方法。

使用万用表，一端连在_____，另一端依次测量各点的电压降。

（3）测量值状态判断。

起动系统主电源电路负载电压测量时，电压降测量值不超过_____为正常，如果测量值异常，则需要进一步检查。

示例：进行起动系统主电源路电压降测量。

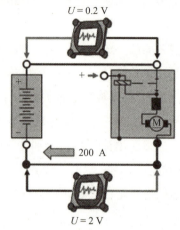

正极上的电压损失 =0.2 V，接地时电压损失 =2 V。
则故障点在_____，电功率损失 $P=$ _____。

（4）将主电源电路分为正极主电源电路和负极主电源电路，分别进行测量。

测量位置	测量值	判断测量点状态

2. 参考信息

迈腾轿车的起动电路包括：蓄电池、起动机、点火开关、发动机控制单元 J623、进入及起动许可控制单元 J965、制动信号灯开关 F、双离合器变速箱机电装置 J743、起动继电器 J906、起动继电器 J907 等。

图 2-21 所示为迈腾 B8 1.4 L 汽油发动机的起动系统电路图。其可以分为信号电路、控制电路和主电源电路三部分。

（1）起动系统信号电路分析。

对于迈腾 B8 起动系统，车辆起动一般需要按下点火开关 J965 将起动请求信号传递给 J623；操作选挡杆，J743 将 P/N 挡位信号传递给 J623；还需踩下制动踏板即制动信号灯开关 F 将制动信号传递给 J623。J623 判断起动信号是否满足条件，条件满足之后才会去控制两个起动继电器吸合，吸合之后将 50 电给到起动机，并将信息反馈给 J623。

(2)起动系统控制电路分析。

当发动机控制单元 J623 判断起动条件满足，则控制两个起动继电器线圈的搭铁端，继电器线圈通电，触点吸合。控制电路接通：蓄电池（+）→点火开关→继电器常开触点→起动机 50 →起动机电磁线圈→发动机搭铁→蓄电池（-）。

(3)起动系统主电源电路分析。

当满足起动条件时，继电器控制回路给起动机 50 供电，主电源电路接通，蓄电池（+）→起动机 30 →直流电动机→发动机搭铁→蓄电池（-）。如若是 1.8 kW 的起动机，那么起动电流在 150 A 左右，起动电流非常大，此时很小的接触电阻会产生很大的电压降，当电压降达到一定值时，会影响控制单元的正常工作，直至影响车辆正常起动，那么此时就需要进行电压降测试。

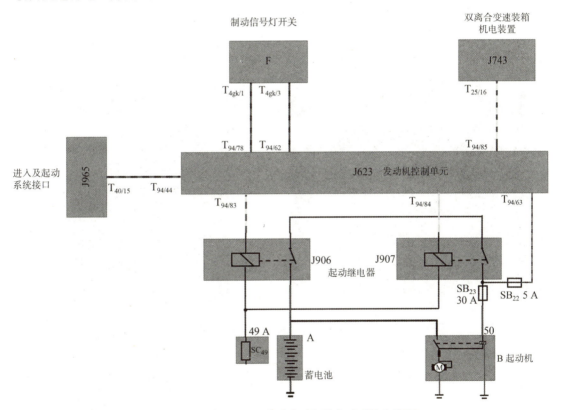

图 2-21　迈腾 B8 1.4L 汽油发动机的起动系统电路图

如图 2-22 所示，可以在实车上找到蓄电池以及起动机的搭铁点。

起动系统主电源电路，电流从蓄电池正极出发，流经起动机，再回到蓄电池负极。这样的大电流流经如图 2-23 所示的起动机接地线到车身搭铁点，再经如图 2-24 所示的蓄电池控制单元的接地线回到蓄电池负极。各个接点连接处则是易产生电压损失影响车辆起动的故障点。进行起动系统主电源电路负载电压测量时，可以使用万用表测量各点相对蓄电池正极或负极的电压值，电压降测量值不超过 0.5 V 为正常，如果测量值异常，则需要进一步检查。

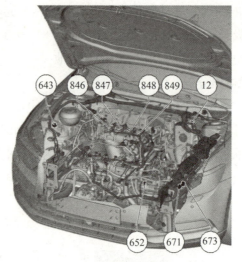

图 2-22 迈腾 B8 实车搭铁点位置图（图中数字为搭铁位置）

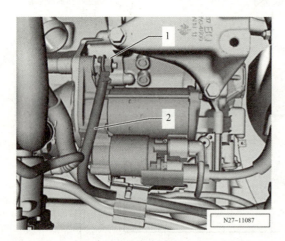

图 2-23 迈腾 B8 起动机实车位置示意图

1—起动机上部螺栓的螺母；2—起动机接地线

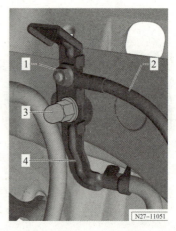

图 2-24 迈腾 B8 蓄电池控制单元的接地位置示意图

1，3—螺母；2—蓄电池控制单元的接地线；
4—蓄电池监控控制单元

（三）任务拓展

如图 2-25 所示，为红旗 H9 起动系统电路图，当发动机控制单元判断满足车辆起动条件时，发动机控制单元会控制两个起动继电器工作，将 50 电给到起动机，车辆完成起动。同理，若是 1.8 kW 的起动机，那么起动电流在 150 A 左右，起动电流非常大，此时很小的接触电阻会产生很大的电压降，当电压降达到一定值时，会影响起动机的正常工作，直至影响车辆正常起动，那么此时就需要对主电源电路易产生电压损失的点进行电压降测试，以排除故障点。

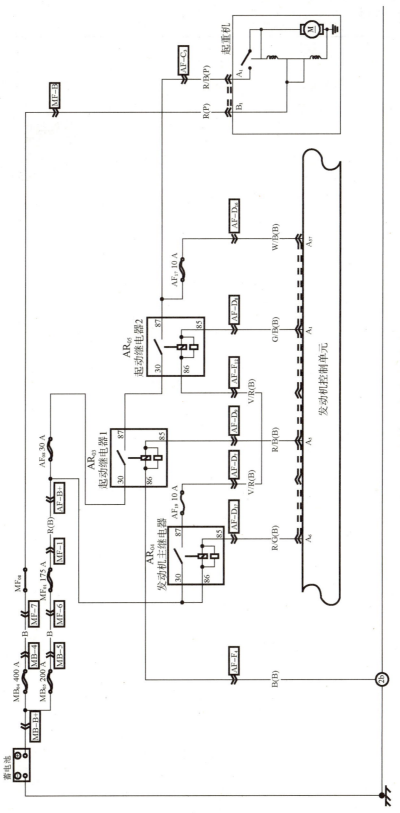

图 2-25 红旗 H9 起动系统电路图

三、参考书目

序列	书名,材料名称	说明
1	《汽车电气系统故障诊断与维修》	主编 张军 高等教育出版社
2	迈腾B8（2017）电路图	![QR] 迈腾B8（2017）电路图

任务2.3 起动系统控制电路的故障诊断

一、任务信息

任务难度	高级		
学时	4学时	班级	
成绩		日期	
姓名		教师签名	
案例导入	汽车无法起动,维修技师判定起动控制回路故障,需要你对起动控制电路进行故障诊断		
能力目标	知识	能够识读电路图,能够分析故障原因及诊断方法	
	技能	能够用专业诊断设备进行故障诊断	
	素养	1. 能够具有团队协作精神; 2. 能够具有严谨的工作态度	

二、任务流程

(一)任务准备

对于起动系统继电器控制回路,电流从蓄电池正极出发,经继电器的触点,给起动机50接线柱供电。那么当继电器故障时,起动机50接线柱无法来电,起动机无法运转,车辆无法起动。为了解决因起动系统继电器控制回路引起的车辆无法起动问题,需要学员具备一定的理论知识,了解起动机的结构和工作过程,可以识读不同车型的起动系统控制回路电路图,掌握控制原理。在此基础上,能够对起动系统继电器控制回路进行应急维修检测,以及使用诊断仪进行故障诊断,找到故障解决问题,帮助客户完成车辆起动。具体测量过程参见二维码视频。

起动系统控制回路测量

（二）任务实施

任务 2.3.1 起动系统控制电路分析

根据能力素质培养要求，通过实训和技能训练完成以下工作任务，填写下列工作表。

1. 工作表 起动系统控制电路分析

（1）确定实训车辆车型，翻阅电路图，查找起动系统控制回路电路图。

车型	____
发动机型号	____
起动机电路图位置	电路编号____
起动继电器	数量____ 电器元件编号____ 电器元件编号____ ……
起动机熔断器（50）	电器元件编号____
继电器J906线圈两端相连的是	电器元件编号____ 电器元件编号____
继电器J907线圈两端相连的是	电器元件编号____ 电器元件编号____
熔断器SB_{22}两端相连的是	电器元件编号____ 电器元件编号____

（2）根据起动系统控制回路的工作原理完成以下填空。

电流从蓄电池正极出发，经 J906 和 J907 两个继电器的____，再经过熔断器____给起动机 50 接线柱供电。

_____

（3）画出起动系统控制回路电路简图。

（4）查找起动机继电器和熔断器的位置。

元件名称	安装位置电路编号	实车中的位置
J906		
J907		
SB_{22}		
SB_{23}		

2. 参考信息

（1）熔断器。

熔断器在电路中起保护作用。当电路中流过超过规定的电流时，熔断器的熔断器自身发热而熔断，切断电路，防止烧坏电路连接导线和用电设备，并把故障限制在最小范围内。当车辆出现故障时，熔断器检测是一种简单而有效的检测手段。对于维修人员来说，熔断器类型、熔断器额定电流、安装位置、检测方法、维修注意事项等是必须具备的知识。

① 熔断器类型。

熔断器按照外观特点可分为插片式熔断器、插入式熔断器和旋紧式熔断器。

插片式熔断器在汽车上应用得最为广泛，常见类型有微型熔断器、标准型熔断器、大型熔断器，如图 2-26 所示。

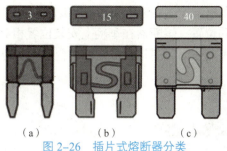

图 2-26　插片式熔断器分类

（a）微型；（b）标准型；（c）大型

插入式熔断器由两个片形插座式输入输出端子与一个熔断器组成的电导体件和一个组合的绝缘体组件构成，如图 2-27 所示。它也称作为插座式、盒式熔断器。插入式熔断器常见的类型为 JCASE 熔断器，主要适用于后除霜、空调鼓风机、冷却风扇等大电流负载。

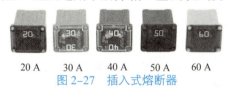

图 2-27　插入式熔断器

旋紧式熔断器由两个片形插头式的适合螺钉连接的输入输出端子与一个熔断器组成的电导体件和一个组合的绝缘体组件构成。它也称作螺栓紧固式熔断器。旋紧式熔断器常见的类型有 Midi 型、Mega 型。Midi 型主要用于电流不超过 200 A 的负载，例如蓄电池熔断器盒处的熔断丝。Mega 型主要用于高电池和高脉冲的电路保护，例如蓄电池、发电机的保护。如图 2-28 所示。

图 2-28　旋紧式熔断器

（a）Midi 型；（b）Mega 型

② 熔断器额定电流。

熔断器上方通常标有熔断器额定电流值。按照国际标准，不同额定电流对应着不同的熔断器颜色，如表 2-2 所示。

表 2-2　熔断器颜色与额定电流对应关系

最大允许电流值/A	标准型熔断器颜色	最大允许电流值/A	微型熔断器颜色	最大允许电流值/A	大型熔断器颜色
5	茶色	5	茶色	20	黄色
7.5	棕色	7.5	棕色	30	绿色
10	红色	10	红色	40	琥珀色
15	蓝色	15	蓝色	50	红色
20	黄色	20	黄色	60	蓝色
25	白色	25	天然色	70	棕色
30	绿色	30	绿色	80	天然色

③ 熔断器安装位置。

通常情况下，将很多熔断器组合在一起安装在熔断器盒内，并在熔断器盒盖上注明各熔断器的名称、额定容量和位置。熔断器在车辆上安装位置相对固定，一般安装在发动机舱蓄电池旁、驾驶员侧仪表台侧面、副驾驶员侧仪表台侧面等位置。如图 2-29 所示。

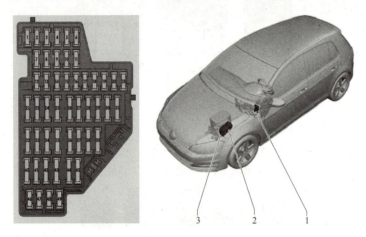

图 2-29　熔断器盒与熔断器安装位置

1—驾驶员侧仪表台侧面；2—发动机舱蓄电池旁；3—副驾驶员侧仪表台侧面

为了区分不同位置的熔断器，不同位置的熔断器盒有不同的编号，例如 SA、SB、SC 等，如图 2-30 所示。

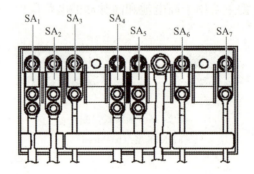

图 2-30　熔断器盒编号

SA_1—发电机；SA_2—电子转向；SA_3—散热器风扇；SA_4—空位；SA_5—辅助加热；
SA_6—KL 30 线；SA_7—拖车控制单元

④ 熔断器检测方法。

熔断器检测是车辆现场救援时最常见的故障检修方法，尤其当维修人员对某车型不熟悉时，最简单有效的维修方法就是熔断器检测。熔断器检测有电压、电阻、蜂鸣挡等检测方法，熔断器电压测量方法如图 2-31 所示。

万用表挡位选择为直流电压挡，红表笔接熔断器一端，黑表笔接地，一端测量完毕后，采用同样方法测量另外一端。若两端测量电压值相等，则熔断器良好；若两端电压测量值有差值，则熔断器异常；若两端电压测量值均为 0 V，说明熔断器供电线路异常。

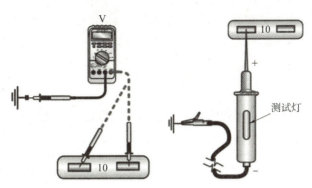

图 2-31 熔断器电压测量方法

⑤熔断器使用注意事项。

熔断器在使用中应注意以下几点：熔断器熔断后，必须找到真正故障原因，彻底排除故障。更换熔断器时，一定要与原规格相同。熔断器支架与熔断器接触不良会产生电压降和发热现象，安装时要保证安全。

（2）继电器。

一般情况下，汽车上使用的操纵开关的触点容量较小，不能直接控制工作电流较大的用电设备，常采用继电器来控制它的接通与断开。

继电器可以实现自动接通或切断一对或多对触点，完成用小电流控制大电流，可以减小控制开关的电流负荷，保护电路中的控制开关。如进气预热继电器、空调继电器、喇叭继电器、雾灯继电器、中间继电器、风窗刮水器/清洗器继电器、转向闪光继电器等。

汽车上的继电器有很多，常见的有三类：常开继电器、常闭继电器和常开常闭混合型继电器。这三类继电器的动作状态如图 2-32 所示。

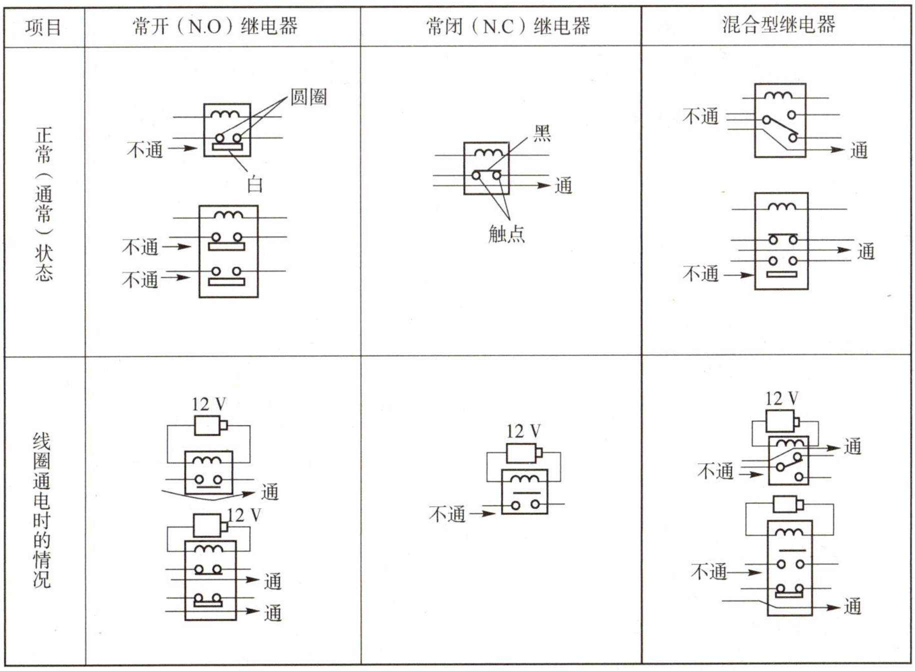

项目	常开（N.O）继电器	常闭（N.C）继电器	混合型继电器
正常（通常）状态	不通→[圆圈][白] 不通→不通→	黑→通 触点	不通→通 不通→通
线圈通电时的情况	12 V →通 12 V →通→通	12 V 不通→	12 V 不通→通 不通→通

图 2-32 继电器的工作状态

常开继电器平时触点是断开的,继电器动作后触点才接通;常闭继电器平时触点是闭合的,继电器动作后触点断开;混合型继电器平时常闭触点接通,常开触点断开,如果继电器线圈通电,则变成相反状态。

任务 2.3.2 起动继电器故障诊断

根据能力素质培养要求,通过实训和技能训练完成以下工作任务,填写下列工作表。

1. 工作表 起动继电器故障诊断

---

(1)起动车辆,观察车辆起动现象。
① 起动机是否运转:　　　　□是　　□否
② 起动继电器是否有吸合声音:　□是　　□否
③ 车辆是否起动:　　　　　　□是　　□否

(2)画出起动系统控制回路工作原理简图。

(3)使用应急维修中常用的方法进行故障检测。
① 使用万用表测熔断器两端电位,并对结果进行判断。

熔断器名称	测量结果	熔断器是否有供电
SB_{23}	一端为____V,另一端为____V	□是　□否
SB_{22}	一端为____V,另一端为____V	□是　□否

② 根据单输入、双输出的原则,接下来检查起动继电器,在应急维修中常用的方法:拔下两个继电器,在起车过车中测量四个触点的电位。

J906 触点 1　　□有电　□无电　　J906 触点 2　　□有电　□无电
J907 触点 1　　□有电　□无电　　J907 触点 2　　□有电　□无电

③ 在有电端的位置插入任一继电器,起车过程中测量另外两个触点是否有电。

触点两端电位测量		已插入继电器的状态判断
情况1		□正常　□故障
触点1	□有电　□无电	
触点2	□有电　□无电	
情况2		□正常　□故障
触点1	□有电　□无电	
触点2	□有电　□无电	

④ 使用③中的方法检查另外一个继电器,这样就可以找到故障继电器,并对故障继电器进行检测。

继电器检测步骤	测量结果
测量继电器线圈之间电阻	
测量继电器触点之间电阻	
线圈通电,测量触点之间电阻	
根据测量结果判断待测继电器状态:	□正常　□故障

（4）在一定条件下，对于车辆我们可以读取故障码，缩小故障排查范围，锁定故障点。
① 连接诊断仪，读取故障码。
_____
_____
_____

② 更换起动继电器 J906 和 J907 的位置，再次读取故障码。
_____
_____
_____

③ 无论是 J906 触点故障或者 J907 触点故障，得到的都是_____故障代码。找到故障继电器进行检测更换，修复故障。

2. 参考信息

诊断仪 VAS6150 使用指南。

诊断仪 VAS6150 是大众专用工具，可以对车辆进行诊断、编码等，并可以配合 VAS6356 实现测量功能，这里介绍诊断仪在故障诊断过程中常见的两种功能——读取故障码和读取测量值的过程。

（1）读取故障码（删除故障码）。

连接蓝牙插头→打开点火开关→识别车辆信息→控制单元识别→控制单元自诊断→故障存储器→现在。

（2）读取测量值。

连接蓝牙插头→打开点火开关→识别车辆信息→控制单元识别→引导性功能→读取测量值。

连接蓝牙插头→打开点火开关→识别车辆信息→控制单元识别→控制单元自诊断→读取测量值。

任务 2.3.3 起动继电器故障码分析

根据能力素质培养要求，通过实训和技能训练完成以下工作任务，填写下列工作表。

1. 工作表 1 用诊断仪读取故障码

（1）画出起动系统控制回路工作原理简图。

（2）对起动机继电器设置不同的故障，诊断仪读取故障码进行对比。
① 断开起动继电器 J906 的线圈，连接诊断仪，读取故障码。
_____
_____
_____

② 断开起动继电器 J907 的线圈，连接诊断仪，读取故障码。
_____
_____
_____

③ 起动继电器 J906 或 J907 触点故障，连接诊断仪，读取故障码。
_____
_____
_____

（3）对比观察继电器线圈故障和触点故障的不同故障码，总结分析。
_____
_____
_____

① 当继电器线圈故障时，可通过对应监控点的异常电位直接生成故障码，不同的继电器线圈因对应点不同，故障码_____。
② 当继电器触点故障时，无法通过线圈监控点电位识别，此时需通过触点电路输出的_____进行逻辑判断生成故障码。

2. 工作表2 起动继电器波形测量

（1）画出起动系统控制电路原理图，分析使用两个起动继电器的优点。

如果只有一个继电器，若触点粘连，则会在没有起动请求时为起动机提供_____，易发生故障；两个继电器则大大降低故障概率。
（2）使用 VS6606 测量两个起动继电器的波形。

（3）针对起动机继电器波形进行分析。
通过波形我们知道，两个继电器的断开时间_____。首先便于判断具体是哪个继电器故障。其次触点的吸合和断开容易产生火花烧蚀触点，两个继电器断开时间_____，可以延长继电器的使用寿命。

3. 参考信息

参考对应车型的电路图，示波器使用手册。

（三）任务拓展

案例题目：CC EPC 故障灯点亮。

故障现象：大众 CC 装配 1.8TSI 发动机，在行驶 1 000 km 后，EPC 故障灯点亮。

故障诊断过程：

（1）查询故障码。

用专用检测仪 VAS5052A 检查发现在发动机控制单元中存储有故障码：如图 2-33 所示，12371 起动机激活，端子 50 返回信息对地短路或断路。维修人员试验发现发动机起动正常，但 EPC 灯点亮，清除故障码后重新起动发动机试验，发现第一次按下点火钥匙后只听到起动机运转接合"嗒"的一声，但是起动机不能正常运转，第二次按下点火钥匙起动发动机，起动机能正常运转，发动机能够被起动，但 EPC 灯又再次点亮，故障码又重复出现。

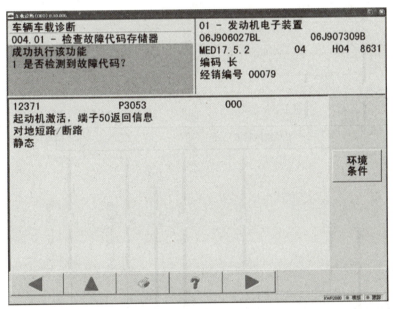

图 2-33 VAS5052A 检查在发动机控制单元中存储的故障码

（2）查找起动机控制系统的供电电路图。

查找车辆起动系统电路图，如图 2-34 所示，通过电路图分析此车型起动机的工作原理：当起动时，点火开关的起动 50 信号传递到转向柱控制单元，发动机控制单元通过 CAN 总线识别到发动机起动 50 信号，接通起动机供电继电器和起动机供电继电器 2 的搭铁信号，并通过起动机供电继电器 2 的第 6 脚反馈的电压信号来监测起动机的工作状态。

（3）查找故障。

根据电路图用万用表检查起动供电继电器 2 和发动机控制单元 J623 到起动继电器 2 之间的线路。

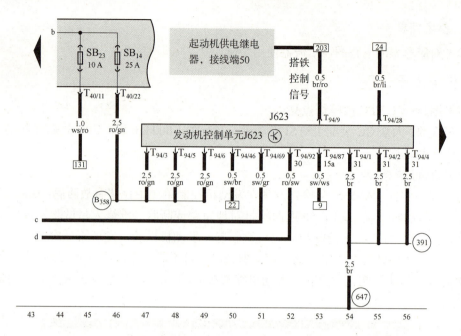

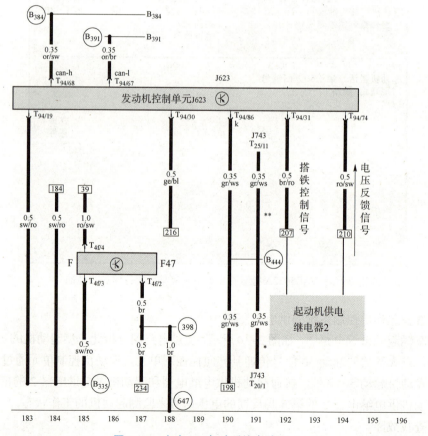

图 2-34 大众 CC 起动系统电路图（一）

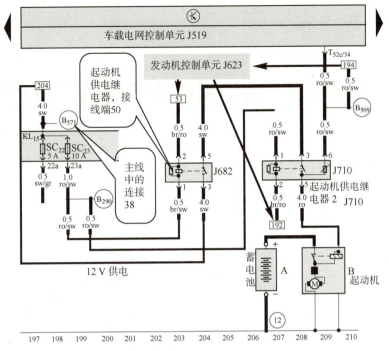

红色"→"表示电压反馈信号；黑色"→"表示发动机控制单元J623控制搭铁信号

图2-34 大众CC起动系统电路图（二）

① 首先拆下起动供电继电器2，测量起动供电继电器2的第6角与第5角之间的阻值为6Ω，说明没有断路。

② 测量起动供电继电器2的第6角与其他各插角之间的电阻值均为无穷大，说明此起动供电继电器2无短路现象。

③ 测量起动供电继电器2插座的第6角与发动机控制单元J623的$T_{94/74}$插角之间的电阻值为0.5Ω（标准值为小于1.5Ω），在发动机控制单元J623的T_{94}插头断开的情况下，测量起动供电继电器2插座的第6角与搭铁、正极供电之间的电阻值均为无穷大，说明此条线路正常。

④ 由于不知道起动供电继电器2的第6角与第5角之间的阻值标准，故找一个正常车辆的起动供电继电器2进行测量比较，以提高故障判断的准确率。测量发现正常车辆的起动供电继电器2的第6角与第5角之间电阻值为1Ω。将正常车辆的继电器插在此车上试验，起动发动机，发现故障码变为偶发，清除故障码，试验故障排除。

（4）排除故障

更换起动机供电继电器2。

三、参考书目

迈腾B8（2017）电路图

序列	书名，材料名称	说明
1	《汽车电气系统故障诊断与维修》	主编 张军 高等教育出版社
2	迈腾B8（2017）电路图	

 # 任务 2.4 起动系统信号电路的故障诊断

一、任务信息

任务难度	高级		
学时	4学时	班级	
成绩		日期	
姓名		教师签名	
案例导入	汽车无法起动，维修技师判定起动信号回路故障，需要你对起动信号电路进行故障诊断		
能力目标	知识	能够识读电路图，能够分析故障原因及诊断方法	
	技能	能够用专业诊断设备进行故障诊断	
	素养	1. 能够具有团队协作精神。 2. 能够具有严谨的工作态度	

二、任务流程

（一）任务准备

车辆起动一般需要按下点火开关即发出 50 起动信号，将变速杆移入位置 P 或 N 即发出挡位信号，有的车辆还需踩下制动踏板即发出制动信号。当发动机控制单元判断缺少起动条件时，则车辆无法起动。为了解决因起动系统信号引起的车辆无法起动问题，需要学员具备一定的理论知识，了解车辆起动条件，可以识读不同车型的起动系统信号电路图，掌握起动系统的信号控制原理。在此基础上，能够使用诊断仪读取起动控制相关的测量值，找到故障解决问题，帮助客户完成车辆起动。具体测量过程参见二维码视频。

起动系统信号电路测量

（二）任务实施

任务 2.4.1 起动系统信号电路识读

根据能力素质培养要求，通过实训和技能训练完成以下工作任务，填写下列工作表。

1. 工作表 起动系统信号电路识读

（1）确定实训车辆车型，查找起动条件。

车型	_____
选择该车型起动条件	□起动请求信号50
	□制动信号
	□P/N挡位信号

（2）翻阅电路图，查找起动系统电路图。

发动机型号	_____
变速箱型号	_____
起动机电路图位置	电路编号_____
起动按钮电路图位置	电路编号_____
起动按钮	电器元件编号_____
起动按钮通信控制单元	控制单元_____
J965与J623相连的端子号	端子号_____
	端子号_____
P/N挡位信息通信控制单元	控制单元_____
J743与J623相连的端子号	端子号_____
	端子号_____
制动开关	电器元件编号_____
制动信号与J623相连的端子号	端子号_____
	端子号_____
	端子号_____
	端子号_____

（3）画出起动系统电路简图。

（4）根据起动系统电路图，简述起动系统工作原理。

车辆起动首先要有起动请求信号发给发动机控制单元_____，_____收到请求信号之后再去判断_____信号、_____信号是否满足条件，条件满足之后才会去控制两个起动继电器去吸合，吸合之后将50电给到起动机，并将信息反馈给_____信号。

2. 参考信息

参考对应车型的电路图。

任务 2.4.2 读取起动机起动时的测量值

根据能力素质培养要求，通过实训和技能训练完成以下工作任务，填写下列工作表。

1. 工作表 读取起动机起动时的测量值

（1）确定实训车辆车型，查找起动条件。

车型	————
选择该车型起动条件	□起动请求信号 50
	□制动信号
	□P/N 挡位信号

（2）检查制动信号，读取测量值。

① 检查制动信号，读值条件。

　□踩制动踏板

　□操作起动按钮

　□操作换挡杆至 P/N 挡

② 检查制动信号，读取测量值。

不踩刹车时都显示_____，踩刹车时都显示_____。

（3）检查 P/N 挡位信号，读取测量值。

① 检查 P/N 挡位信号，读值条件。

　□踩制动踏板

　□操作起动按钮

　□操作换挡杆至 P/N 挡

② 检查 P/N 挡位信号，读取测量值。

挂 P/N 挡，起动机控制，联锁装置或 P/N 信号显示_____。

挂非 P/N 挡时，起动机控制，联锁装置或 P/N 信号显示_____。

（4）检查 50 请求信号，读取测量值。

① 检查 50 请求信号，读值条件。

　□踩制动踏板

　□操作起动按钮

　□操作换挡杆至 P/N 挡

② 检查 50 请求信号，读取测量值。

50 请求信号异常，显示_____；

50 请求信号正常，显示_____。

2. 参考信息

参考对应车型的电路图、诊断仪使用方法。

任务 2.4.3 起动系统信号电路故障诊断

根据能力素质培养要求,通过实训和技能训练完成以下工作任务,填写下列工作表。

1. 工作表 起动系统信号电路故障诊断

(1) 确定实训车辆车型,查找起动条件。

车型	_____
选择该车型起动条件	□起动请求信号50
	□制动信号
	□P/N挡位信号

(2) 起动车辆,观察车辆起动现象。

起动机是否运转	□是 □否
起动继电器是否有吸合声音	□是 □否
车辆是否起动	□是 □否

(3) 使用万用表、诊断仪进行故障诊断。

① 使用万用表测熔断器两端电位,并对结果进行判断。

熔断器名称	测量结果	起动系统控制电路状态
SB_{23}	一端为____V,另一端为____V	□正常 □异常

② 为了诊断的便利性,使用诊断电脑进行故障诊断,连接诊断仪,读取故障码。结果为_____

③ 读取起动控制相关的测量值。

诊断对象	诊断结果
踩制动踏板 检查制动信号	
操作挡位变化 检查PN信号	
操作起动按钮 检查50信号	

通过读测量值我们知道故障为_____。

车辆在起动过程中必须同时有三个请求信号。当缺少条件,车辆无法起动时,我们可以通过诊断仪读取测量值来快速锁定故障点。

2. 参考信息

参考对应车型的电路图、诊断仪使用方法。

(三)任务拓展

案例题目:迈腾 1.4T 起动机不工作。

故障现象:车辆在 P 挡位时点火开关起动挡位起动机不工作。

故障诊断过程:

(1)读故障码。

使用 VAS6510 读取 09 故障码,如图 2-35 所示。

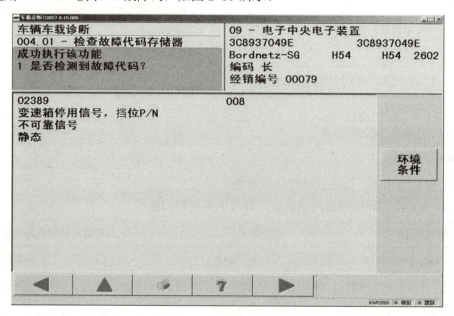

图 2-35 VAS6510 故障码读取结果

(2)故障码分析。

根据故障码含义,按电路图检查 P/N 线连接情况。

如图 2-36 所示,检查 J519 的 16g/7 到 J743 的 $T_{25/16}$ 连接线,无对正极短路情况,导线间无断路情况。

(3)读数据流。

读取 J519 变速器 P 挡位情况,如图 2-37 所示。

由于挡位信号是 E_{313} 通过总线传递的,现在仪表挡位显示正常,说明挡位信号是通过总线发出来的,而动力总线系统并没有变速器控制单元无通信的故障码,可以确定变速器控制单元总线连接是正常的。所以变速器控制单元是能正常接收挡位信号的。J519 第 15 数据组第 3 显示区在 P 挡位时不接通,可能是 J519 内部故障或者 J743 内部故障。更换 J519,故障依旧,可以肯定是 J743 内部出现故障。更换 J743,故障排除。

(4)故障结论。

J743 内部故障,造成接收到 P/N 信号后未将 $T_{25/16}$ 线内部接地。

1.22.6　E- 插头连接-T16g-:

1 - 车灯开关接线端 58
2 - 制动灯开关
3 - 未占用
4 - 未占用
5 - 未占用
6 - 前雾灯开关
7 - 接地(仅限于手动变速箱)，直接换挡变速箱机械电子单元、多功能开关(仅限于自动 变速箱)
8 - 车灯开关接线端 56
9 - 未占用
10 - 未占用
11 - 未占用
12 - 未占用
13 - 车灯开关 (后雾灯)
14 - 车灯开关 (辅助 - 行车灯)
15 - 未占用
16 - 车灯开关 (日间行车灯)

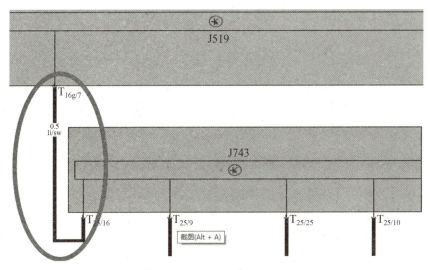

图 2-36　车辆 P/N 线连接情况

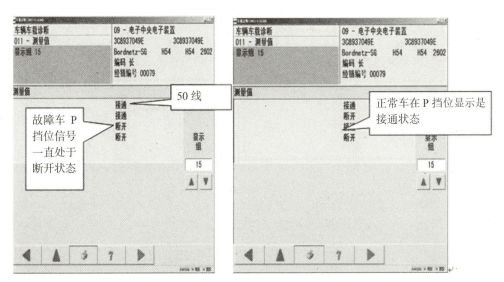

图 2-37　J519 变速器 P 挡位情况

三、参考书目

序列	书名，材料名称	说明
1	《汽车电气系统故障诊断与维修》	主编 张军 高等教育出版社
2	迈腾B8L（2017）电路图、示波器使用手册、诊断仪使用手册	 迈腾 B8L（2017）电路图

模块三

照明与信号系统检修

课程任务与能力矩阵

"汽车电器设备检修"学习任务图表

模块名称	任务名称		难度描述
模块一 汽车电源系统检修	任务1.1	蓄电池故障诊断与维修	汽车运用与维修1+X初级/汽车维修工初级
	任务1.2	发电机故障警告灯常亮故障诊断与维修	汽车运用与维修1+X中级/汽车维修工中级
模块二 汽车起动系统检修	任务2.1	起动系统认识	汽车运用与维修1+X初级/汽车维修工初级
	任务2.2	起动系统主电源电路的故障诊断	汽车运用与维修1+X中级/汽车维修工中级
	任务2.3	起动系统控制电路的故障诊断	汽车运用与维修1+X高级/汽车维修工高级
	任务2.4	起动系统信号电路的故障诊断	汽车运用与维修1+X初级/汽车维修工高级
模块三 照明与信号系统检修	任务3.1	灯光认识与操作	汽车运用与维修1+X初级/汽车维修工初级
	任务3.2	汽车前照灯的更换	汽车运用与维修1+X中级/汽车维修工中级
	任务3.3	左前近光灯不亮故障诊断	汽车运用与维修1+X中级/汽车维修工中级
	任务3.4	智能灯光系统故障检修	汽车运用与维修1+X高级/汽车维修工高级
	任务3.5	转向信号灯不亮故障检修	汽车运用与维修1+X中级/汽车维修工中级
	任务3.6	汽车喇叭不工作故障检修	汽车运用与维修1+X高级/汽车维修工高级
模块四 仪表与警告系统检修	任务4.1	仪表与警告系统检修	汽车运用与维修1+X初级/汽车维修工初级
	任务4.2	保养周期复位	汽车运用与维修1+X初级/汽车维修工初级
模块五 风窗清洁系统检修	任务5.1	汽车刮水器的操作与维护	汽车运用与维修1+X初级/汽车维修工初级
	任务5.2	汽车后窗玻璃加热不工作故障检修	汽车运用与维修1+X中级/汽车维修工中级
	任务5.3	汽车刮水器不工作故障检修	汽车运用与维修1+X高级/汽车维修工高级

任务 3.1　灯光认识与操作

一、任务信息

任务难度	初级		
学时	2学时	班级	
成绩		日期	
姓名		教师签名	
案例导入	顾客定期来做保养，作为维修技师，需通过双人灯光检测手势对汽车上灯光及开关进行检查，保证照明、信号及警告灯状态正常，保证行车安全，并做好记录		
能力目标	知识	1. 能够了解汽车灯光的种类和功能； 2. 能够熟悉各灯光及灯光开关的位置； 3. 能够认识汽车仪表盘上的灯光指示标志	
	技能	1. 能够正确操作各灯光开关打开或关闭灯光； 2. 能够正确使用双人灯光检测手势对汽车灯光及开关进行检查	
	素养	1. 具有规范操作、安全第一的职业素养； 2. 具有团队协作探讨、合作解决问题的学习习惯； 3. 具有以德为本、严谨踏实的工匠精神和社会责任心	

二、任务流程

（一）任务准备

如何通过双人灯光检测手势对汽车的灯光和灯光开关进行检查？请查看下图二维码进行学习。

（二）任务实施

根据能力素质培养要求，通过实训和技能训练完成以下工作任务并填写下列工作表。

双人灯光检测手势

任务 3.1.1 灯光的认识

1. 工作表 汽车灯具的作用及分类

（1）汽车灯具根据安装位置和用途的不同，可以分为两类，分别是什么？
_____
_____

（2）依据已学习的内容，请将以下表格填写完整。

灯具名称	作用	位置	数量	颜色
前照灯		车辆前部		白色
示廓灯	标识车辆位置	车辆前部	左、右各1只	白色或黄色
尾灯		车辆尾部	左、右各1只	红色
牌照灯	指示牌照	车辆尾部		白色
前雾灯				黄色
后雾灯	雾天标识车辆	车辆尾部	1只或2只	红色
倒车灯			1只或2只	
制动灯	制动信号	车辆尾部	3只	
转向灯	转向信号	前部、后视镜、后部	左、右各6只	橙色
危险警告灯	信号	前部、后视镜、后部	6只	橙色

（3）请在下图空白处填写灯具的名称。

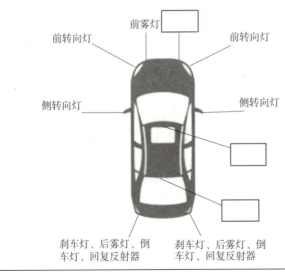

2. 参考信息

灯系的种类与用途：

汽车灯系按其安装位置和用途的不同，可以分为汽车灯光照明装置和汽车灯光信号装置，主要包括：

（1）前照灯。前照灯又称大灯，装于汽车头部两侧，用于夜间行车道路的照明，有两灯制和四灯制之分，功率一般为40~60 W。国家规定：机动车前照灯必须具备远光和近光两种照明方式，并可通过变光装置转换。

（2）雾灯。雾灯分为前雾灯和后雾灯。前雾灯装于汽车前部比前照灯稍低的位置，用于在雨雾天气行车时照明道路；由于我国道路状况的改善，行车速度大大提高，为保证雾天高速行驶的汽车向后方车辆或行人提供本车位置信息，交通管理部门规定，运行车辆在车辆后部加装功率较大的雾灯，以降低交通事故发生率。雾灯的光色规定为黄色、橙色或红色，这是因为其光波较长，透雾性能好。

（3）示廓灯。汽车在夜间行驶时，示廓灯可表示汽车的宽度，装于汽车的前面、后面和侧面。前面的称为小灯、示廓灯或位置灯，光色为白色或黄色；后面的称为后位灯，光色为红色；侧面的称为侧位灯，光色为琥珀色。

（4）转向信号灯。汽车转弯时，发出明暗交替的闪光信号，以表明汽车向左或向右转向行驶，即转向信号灯，分为前、后、侧转向信号灯，光色为琥珀色。功率一般为20 W，用于在汽车转弯时发出明暗交替的闪光信号，使前后车辆、行人、交警知其行驶方向。

（5）尾灯。尾灯装于汽车尾部，左右各一只，光色为红色，用于在夜间行驶时向后面的车辆或行人提供位置信息。

（6）制动灯。制动灯装于汽车后面，用于当汽车制动或减速停车时，向车后发出灯光信号，当踩下制动踏板时，可发出较强的红光，以警示随后车辆及行人。多采用组合式灯具，一般与尾灯共用灯泡（双丝灯），但制动灯功率较大，为21 W左右。

（7）倒车灯。倒车灯装于汽车尾部，左右各一只，光色为白色，用于照亮车后路面，并警告车后的车辆和行人，表示该车正在倒车。

（8）牌照灯。牌照灯装于汽车尾部的牌照上方，功率为5~15 W，用于夜间照亮汽车牌照。

（9）停车灯。夜间停车时，停车灯用来标志汽车的存在。

（10）仪表灯。仪表灯装于汽车仪表板上，用于仪表照明，以便于驾驶员获取行车信息和进行正确操作，其数量根据仪表设计布置而定。

（11）顶灯。顶灯装于驾驶室或车厢顶部，用于车内照明，功率为5~8 W。

（12）警告及指示灯。警告及指示灯有充电指示灯、机油压力过低警告灯、转向指示灯、远光指示灯等，安装在仪表板上，功率为2 W。警告灯一般为红色或黄色；指示灯一般为绿色或蓝色。

（13）其他辅助用灯。为了便于夜间检修，设有工作灯，经插座与电源相接。有的在发动机罩下面还装有发动机罩下灯，其功用与工作灯相同。

前转向信号灯和示廓灯通常制成双丝灯泡，其中功率较大的一根灯丝（20 W）作转向信号用，功率较小的一根灯丝（8 W）作示廓用。后转向信号灯常和尾灯制成双丝灯泡。常将汽车后部的尾灯、后转向信号灯、制动灯、倒车灯等组合起来称为组合后灯。将前照灯、雾灯或前转向信号灯等组合在一起称为组合前灯。

任务 3.1.2 灯光的操作

1. **工作表** 利用双人灯光检测手势检测灯光及开关

（1）车灯开关有几种类型，德系车和日系车分别用的哪种车灯开关？

_____

（2）请写出 3 下列车灯开关的开启方法。

灯具名称	开启方法
前照灯（远光）	
前照灯（近光）	
示廓灯	
尾灯	
牌照灯	
前雾灯	
后雾灯	
倒车灯	
仪表照明灯	
超车灯	

（3）以迈腾 B8 或红旗 H7 为例，通过双人灯光操作手势完成灯光的检查，并做好记录。

灯光	良好（√）	修复（√）
示廓灯（前部）		
近光灯（前部）		
远光灯（前部）		
远-近光变换		
右转向灯（前部）		
左转向灯（前部）		
检查危险警告灯（前部）		
雾灯（前部）		
示廓灯（后部）		
制动灯（后部）		
检查倒车灯（后部）		
左转向灯（后部）		
右转向灯（后部）		
检查危险警告灯（后部）		
雾灯（后部）		
行李厢灯		
牌照灯		

2. 参考信息

(1) 灯光开关的介绍。

灯光开关分为拨杆式和旋钮式,图 3-1 所示为拨杆式灯光开关,红旗车和日系车采用,对应其挡位;图 3-2 所示为旋钮式灯光开关,德系车采用,对应其挡位。

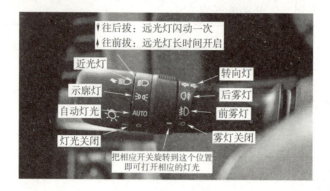

图 3-1　拨杆式灯光开关

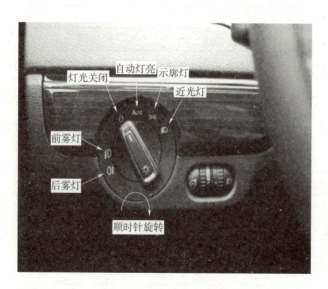

图 3-2　旋钮式灯光开关

(2) 应急模式。

以迈腾车为例,正常情况下,控制单元 J519 收到的车灯开关的信号只有固定的几种情况,如车灯开关置于 0 挡时,J519 收到的信号用高、低电位表示为:"0001";如果控制单元检测到某个挡位与相应的电位信号不符,便会自动打开示廓灯与近光灯,此状态称为"应急模式"。

(3) 双人灯光检测手势。

在汽车的使用与保养过程当中,由于维修车间环境嘈杂,可通过双人灯光检测手势来进行灯光的检测,更高效地完成汽车灯光的检查,具体手势如表 3-1 所示。

表 3-1　灯光检测手势

前部灯光	手势动作
示廓灯	拇指伸出，相对，其余手指握紧
近光灯	握紧拳头向外，五指有力向外弹两次
远光灯	握紧拳头向内，五指有力向外弹两次
远近光灯变换	手心向前—后—前—后
右转向灯	右臂平伸，向正前方，右手伸直，手掌向外，五指向上，左臂平伸，向左伸出，与肩平，左手握拳—弹开—握拳—弹开
左转向灯	左臂平伸，向正前方，左手伸直，手掌向外，五指向上，右臂平伸，右手伸出，与肩平，右手握拳—弹开—握拳—弹开
危险警告灯	两臂向身体两侧平伸，与肩平，两手呈拳状，两手五指有力弹开—握紧—弹开—握紧
雾灯	双臂向前平伸，双手呈拳状，拇指伸出向下
后部灯光	手势动作
示廓灯	拇指伸出，相对，其余手指握紧
制动灯	双手抬至胸前，双手伸出，手掌向外，五指并拢斜向上，用力向下方推
倒车灯	双手抬至胸前，双手伸出，手掌向内，五指并拢斜向上，有力内拉
左转向灯	右臂平伸，向正前方，右手伸直，手掌向外，五指向上，左臂平伸，向左伸出，与肩平，左手握拳—弹开—握拳—弹开
右转向灯	左臂平伸，向正前方，左手伸直，手掌向外，五指向上，右臂平伸，右手伸出，与肩平，右手握拳—弹开—握拳—弹开
危险警告灯	两臂向身体两侧平伸，与肩平，两手呈拳状，两手五指有力弹开—握紧—弹开—握紧
雾灯	双臂向前平伸，双拳呈拳状，拇指伸出向下
牌照灯	五指伸平，掌心放于灯光底部
行李厢灯	五指伸平，掌心放于灯光底部

（三）任务拓展

1. 红旗 H7 灯光认识

红旗 H7 灯光位置如图 3-3 所示。

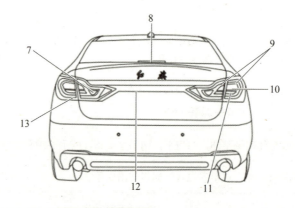

图 3-3 红旗 H7 灯光位置

1—前雾灯；2—前照灯（远光）；3—前位置灯/昼间行车灯；4—侧转向灯；5—前转向灯；6—前照灯（近光）；7—后雾灯；8—高位制动灯；9—制动灯；10—后转向灯；11—倒车灯；12—牌照灯；13—后位置灯

2. 车灯提醒系统

锁止提醒：车门锁止时，所有转向灯闪烁 1 次；

解锁提醒：车门解锁时，所有转向灯闪烁 2 次；

碰撞闪烁提醒：当发生碰撞时，左、右转向灯闪烁；

紧急闪烁提醒：当按下危险警告灯按键后，所有转向灯闪烁；

转向闪烁提醒：当左、右转向时，相应的转向灯闪烁；

舒适闪烁提醒：拨动转向控制手柄到非自锁位置 1 次，相应的转向灯闪烁 3 次。

3. 自动灯控制系统

室内灯和车门联动，打开车门即点亮室内灯，从而起到上车照明功能。车门解锁时及任一车门打开时，室内灯渐亮。所有车门关闭，室内渐灭。

4. 离车照明系统

离车照明操作页面如图 3-4 所示，发动机开关处于"IG-ON"模式并且灯光开关处于自动灯光位置时，若近光灯、位置灯和牌照灯处于点亮状态，此时切换为"IG-OFF"模式，灯光继续点亮一段时间，然后自动熄灭。

图 3-4 离车照明操作页面

1—开启/关闭设置；2—延时时间设置（可以设置为 15 s、30 s、60 s）

三、参考书目

序列	书名，材料名称	说明
1	《汽车电气系统故障诊断与维修》	主编 张军 高等教育出版社
2	迈腾用户手册、红旗用户手册	

任务 3.2　汽车前照灯的更换

一、任务信息

任务难度	中级		
学时	4学时	班级	
成绩		日期	
姓名		教师签名	
案例导入	客户反馈汽车前照灯使用年限过长，灯光亮度下降，要求更换前照灯。作为维修技师，请你帮助客户解决以上问题		
能力目标	知识	1. 能够掌握汽车前大灯的组成结构及原理。 2. 能够掌握汽车大灯的相关法律法规。 3. 能够掌握汽车光源的种类及光学原理	
	技能	1. 能够按照维修手册对汽车大灯进行更换。 2. 能够使用灯光测试仪对汽车大灯角度进行调节	
	素养	1. 具有规范操作、安全第一的职业素养。 2. 具有团队协作探讨、合作解决问题的学习习惯。 3. 具有以德为本、严谨踏实的工匠精神和社会责任心	

二、任务流程

（一）任务准备

针对问题车辆，如何利用维修手册对大灯进行更换？更换后如何通过灯光测试仪对汽车灯光角度进行调节？具体操作步骤有哪些？请查看下图二维码进行学习。

灯源的种类

灯光测试仪的使用

前照灯更换

（二）任务实施

根据能力素质培养要求，通过实训和技能训练完成以下工作任务。

任务 3.2.1 前照灯的拆卸

1. 工作表 汽车前照灯的拆卸

（1）请列出什么情况下需要更换大灯。
（2）更换大灯或者灯泡的注意事项有哪些？
（3）拆卸大灯的操作步骤有哪些？

2. 参考信息

（1）汽车大灯更换注意事项。

① 防止用手直接触及灯泡玻璃壳；
② 更换前后要对比光照度；
③ 在挑选新灯泡时，应按照原车灯泡型号选择合适的产品。

（2）拆卸大灯的步骤。

① 断开蓄电池负极端子；
② 拆卸前保险杠面罩总成；
③ 拆卸前大灯总成。

备注：具体操作步骤详见维修手册。

任务 3.2.2 前照灯的选择

1. 工作表 汽车前照灯的结构与认识

（1）前照灯主要由哪几部分组成？各部分有什么作用？

序号	前照灯组成部分	作用
1		
2		
3		

(2)请列出光源类型、原理及特点(至少列出 3 种,不限数量)。

序号	光源类型	工作原理	优点	缺点
1				
2				
3				
4				
5				

(3)为什么要配光?常见的配光类型有哪些?

_____
_____
_____
_____

2. 参考信息

(1)前照灯的结构。

前照灯的光学系统包括反射镜、配光镜和灯泡三部分,其结构如图 3-5 所示。其中反射镜的表面形状呈现旋转抛物面,其内表面镀银、铝或铬,然后抛光,作用是将灯泡的光纤聚合并导向前方。配光镜又称散光玻璃,作用是将反射镜反射出的平行光束进行折射,使汽车前面路面具有良好而均匀的照明。灯泡是前照灯发光的灯源。

汽车前照灯结构

前照灯灯泡的光度不大,如果没有反射镜,驾驶员只能辨清车前 6 m 处有无障碍物。反射镜材料有薄钢板、玻璃、塑料等,其表面形状是旋转抛物面,内表面镀银、铝或铬,再进行抛光。图 3-6 所示为反射镜反射灯泡光线的情况。灯丝位于焦点 F 上,灯丝的绝大部分光线向后射在立体角 ω 范围内,经反射镜反射后变成平行光束射向远方,使光度增强几百倍,从而使车前 100~150 m 处的路面照得足够清楚。从灯丝射出的位于 $4\pi-\omega$ 范围内的光线则向各方散射,散射向侧方和下方的部分光线,可照明车前 5~10 m 的路面和路缘。

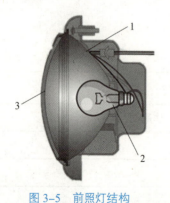

图 3-5 前照灯结构

1—反射镜;2—灯泡;3—配光镜

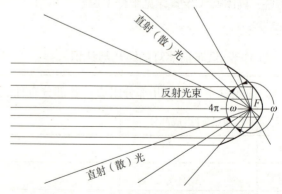

图 3-6 反射镜反射灯泡光线的情况

配光镜是由透镜和棱镜组合而成的散光玻璃，其外形一般为圆形或方形，如图 3-7 所示。配光镜的作用是将反射镜反射出的平行光束折射，使车前路面和路缘均有很好的照明效果。夜间行驶的汽车在交会时，由于前照灯的亮度较强，会引起对方驾驶员炫目。所谓炫目，是指人的眼睛突然受强光照射时，由于视觉神经受刺激而失去对眼睛的控制，本能地闭上眼睛或看不清暗处物体的生理现象，这种现象很容易引起交通事故。

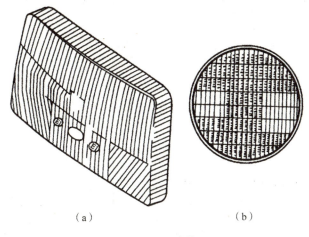

图 3-7　配光镜
（a）方形；（b）圆形

① 对称式配光。

日本、美国等采用对称式配光，灯泡采用双灯丝结构，一根为远光灯丝，另一根为近光灯丝，远光灯丝功率较大，位于反射镜焦点；近光灯丝功率较小，位于焦点上方或前方。夜间行驶，无迎面来车时，控制灯光开关使远光灯丝点亮，光束照亮较远的路面；当两车交会时，控制灯光开关使近光灯丝点亮，光束照亮较近的路面，远近光光形如图 3-8 所示。对称式配光前照灯工作情况如图 3-9 所示，射到反射镜 bab_1 上的光线由反射镜反射后倾向路面，而反射到 bc 和 b_1c_1（$b\ b_1$ 为焦点平面）上的部分光线反射后倾向上方，但射向路面的光线占大部分，减轻了迎面来车驾驶员的炫目。

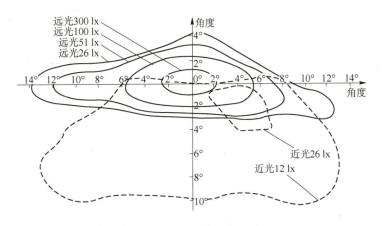

图 3-8　前照灯远近光光形分布图

对称式配光的另一种灯泡结构形式是在近光灯丝下设置配光屏。配光屏遮挡灯丝射向反光镜下半部的光线,极大地减少了引起对面驾驶员炫目的光线;而射向反射镜上部的光线反射后倾向路面,满足了汽车近距离范围内的照明需要。灯泡工作情况如图3-10所示。

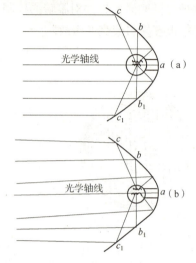

图3-9 对称式配光前照灯工作情况

(a) 远光平射;(b) 近光倾下方

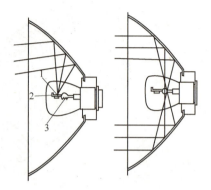

图3-10 具有配光屏的双灯丝灯泡的工作情况

1—近光灯丝;2—配光屏;3—远光灯丝

② 非对称式配光。

我国及欧洲国家采用该种配光方式。配光屏安装时偏转一定角度,与新型配光镜配合使用,形成图3-11所示的近光光形。光形中有条明显的明暗截止线,上方区域Ⅲ是一个明显的暗区,如点 $B\,50\,L$(相距50 m对面驾驶员眼睛位置)处于暗区,避免迎面驾驶员的炫目。下方Ⅰ、Ⅱ、Ⅳ区域及右上方15°区域是亮区,将车前路面和右方人行道照亮。近年国外又开发出一种更优良的Z形非对称配光光形,如图3-12所示,其明暗截止线呈Z形,它不仅避免对面来车驾驶员的炫目,还可防止对面行人和非机动车使用者炫目。

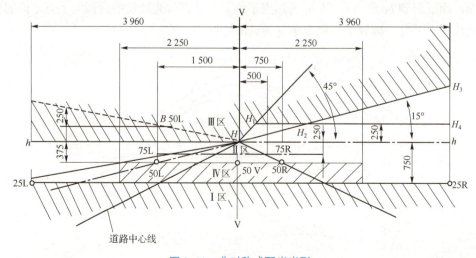

图3-11 非对称式配光光形

(尺寸:mm,测定距离:25 mm)

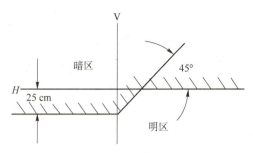

图 3-12　Z 形非对称配光光形

（2）汽车前照灯灯源的种类。

① 白炽灯。

白炽灯泡的灯丝用钨丝制成，从玻璃泡抽出空气，再充以 86% 的氩和 14% 的氮的混合惰性气体，其结构如图 3-13 所示。灯泡通电后，灯丝发热，惰性气体受热膨胀而产生较大的压力，可以减少钨的蒸发，延长灯泡的使用寿命，但由于其耗电量高，使用寿命短，因此逐渐被其他灯源所替代。

② 卤素灯。

卤钨灯泡是在充入的惰性气体中渗入某种卤族元素，如碘、溴等，利用卤钨再生循环作用防止钨丝蒸发，其结构如图 3-14 所示。灯泡通电后，灯丝由于发热蒸发出气态钨，与卤素发生反应形成一种挥发性的卤化钨，当卤化钨扩散到灯丝附近的高温区时，受热分解使钨重新回到钨丝上，而释放出的卤素又参与下次的循环反应。该灯泡尺寸较小，充入惰性气体压力较高，在相同功率下，卤素灯的亮度是白炽灯的 1.5 倍，寿命长 2~3 倍。

图 3-13　白炽灯　　　　　　图 3-14　卤素灯

③ 高压放电氙气灯。

高压放电氙气灯的组件系统由弧光灯组件、电子控制器和升压器三大部件组成，其结构如图 3-15 所示。灯泡发出的光色和日光灯非常相似，亮度是目前卤素灯泡的 3 倍左右，寿命可达卤素气体灯泡的 5 倍，克服了传统钨灯的缺陷，几万伏的高压使得其光亮强度大大增强，完全满足了现代汽车夜间高速行驶的需要。这种灯的灯泡里没有传统灯泡的灯丝，取而代之的是装在石英管内的两个电极，管内充有氙气及微量金属。在电极上加上数万伏的引弧电压后，气体开始电离而导电，气体原子即处于激发状态，使电子发生能级跃迁而开始发光，电极间蒸发少量水银蒸气，光源立即引起水银蒸气弧光放电，待温度上升后再转入卤化物弧光灯工作。

④ LED 灯。

LED 灯是将一定数量的发光二极管连接成一体，构成了发光二级管灯，其结构如图 3-16 所示。LED 灯使用寿命约为 10 000 h，并且节能、成本低、体积小，便于布置和造型的设计，相比氙气灯和卤素灯拥有更高的响应速度，约为 2 ms，对于行车安全性有更好的保障。

图 3-15 氙气灯

图 3-16 LED 灯

(3) 前照灯的照明要求与类型。

① 照明要求。

由于前照灯的照明效果直接影响夜间行车驾驶的操作和交通安全，因此世界各国交通管理部门多以法律的形式规定了其照明标准。前照灯与其他照明灯相比有较特殊的光学结构，对它的基本要求如下：前照灯应保证夜间车前有明亮而均匀的照明，使驾驶员能辨明 100 m 以内道路上的任何障碍物；前照灯应具有防炫目装置，以免夜间两车交会时造成对方驾驶员炫目而发生事故。

② 前照灯类型。

两灯制：

左右前照灯均用双灯丝灯泡，如图 3-17 所示，为远光和近光双光束灯。

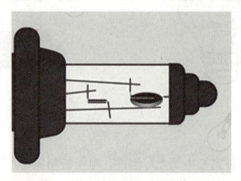

图 3-17 双灯丝灯泡结构

四灯制：

外侧的一对用双灯丝灯泡，为远近双光束灯；内侧的一对为远光单光束灯。

(4) 前照灯防炫目措施。

前照灯射出的强光会使迎面来车驾驶员炫目。为了避免前照灯的炫目，保证汽车夜间行车安全，一般在汽车上都采用双丝灯泡的前照灯。灯泡的一根灯丝为远光，另一根为近光。远光灯丝功率较大，位于反射镜的焦点；近光灯丝功率较小，位于焦点上方（或前方）。当夜间行驶无迎面来车时，可用远光灯丝，使前照灯光束射向远方，便于提高车速。当两车相遇时，用近光灯丝，使光束倾向路面，从而避免迎面来车驾驶员的炫目，并使车前 50 m 内的路面也照得十分清晰。

任务 3.2.3　前照灯的安装与调整

1. 工作表　灯光测试仪对汽车大灯进行调整

（1）哪些情况下需要调整灯光？
_____
_____

（2）前照灯调整的准备工作有哪些（最少列出 5 项）？

序号	准备工作
1	
2	
3	
4	
5	

（3）调整灯光检测仪距离车灯多少比较合适？
_____
_____

（4）什么是倾斜角？
_____
_____

（5）以速腾车为例，完成汽车大灯的调整。
_____
_____
_____

2. 参考信息

（1）安装大灯的步骤。

① 安装前大灯总成；

② 安装前保险杠面罩总成；

③ 连接蓄电池负极端子。

备注：具体操作步骤详见维修手册。

（2）前照灯的调整。

前照灯光束调整不当，将影响汽车夜间行车的安全，降低运输效率，增加驾驶员的疲劳强度。因此各国均重视前照灯的检验与调整，将其作为汽车安全检验项目之一。

前照灯的调整是为了使前照灯在规定的距离内将道路照得明亮而均匀，且不使迎面来车的驾驶员炫目，以保证行车安全。目前，前照灯光束调整标准各国略有差异，因此，调整时应参照该车说明书和技术手册进行。前照灯的检验可以采用屏幕检验法或仪器检验法，前者操作不便，精确度低，汽车检测站多用仪器检验法，即发展趋势是采用仪器检验，如无仪器则采用屏幕检验法。用屏幕检验调整前照灯的方法如下：将汽车停在平坦路面上，按规定充足轮胎气压，并擦净前透镜。在离前照灯 S mm 处挂一幕布（或利用白墙壁），在屏幕上画出两条水平线，一条离地 H mm，另一条比它低 D mm。再画一条汽车的垂直中心线，在它两侧距中心线 $A/2$ mm 处再画两条垂直线，与离地 H mm 处的线相交点即为前照灯中心点，与较低线相交点即为光点中心，A 为两灯中心距，如图 3-18 所示。调整时，先遮住右侧的前照灯，调整左侧前照灯，使其射出的光束中心对准屏幕上前照灯光点中心，然后以同样的方法调整右侧前照灯。

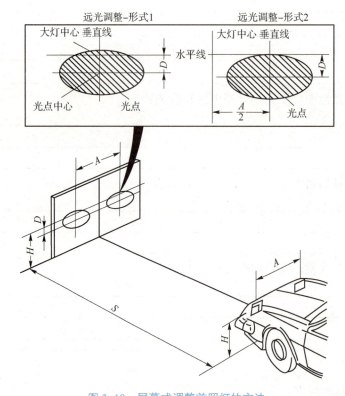

图 3-18　屏幕式调整前照灯的方法

（图中 A、D、H、S 应参照车型规定标准数据）

国产 DGC—2 型汽车前照灯检测仪外形，如图 3-19 所示，检测与调整前照灯方法如下：

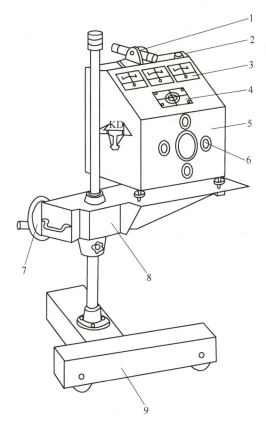

图 3-19　DGC—2 型汽车前照灯检测仪外形

1—瞄准镜；2—水平仪；3—仪表；4—投影屏；5—机箱；6—受光组镜；7—手轮；8—升降架；9—底座

调整方法：以大众速腾汽车为例，利用灯光测试仪对灯光角度进行调节，在使用灯光测试仪之前，汽车需满足以下几点条件：

① 大灯清洁完好。
② 已加载车辆负荷（车内坐体重为 75 kg 驾驶员）。
③ 胎压正常。
④ 油表装油 90%（如油表未达到要求，按表 3-2 加配重）。

表 3-2　配重表

燃油表油位	附加重物/kg
1/4	30
1/2	20
3/4	10
加满	0

⑤ 车辆和大灯测试仪均位于水平面。

以右侧近光灯为例，通过灯光测试仪进行灯光的调整，具体步骤如下：

① 将灯光测试仪移到车前居中位置；

② 在车前部找两个尽量远的对称点，通过调整灯光测试仪，使得对称点在对位镜上的黑线之间；

③ 灯光测试仪与汽车大灯的距离保持在 10~30 cm；

④ 移动灯光测试仪机箱，使汽车大灯与菲涅尔镜片对齐；

⑤ 打开电源进行测量，进入操作页面，选择车型，输入汽车大灯倾斜度值，选择要调节的灯光（右侧近光灯）；

⑥ 进入调节显示页面，上部窗口显示需调整方向，中间窗口显示需要的目标位置，粗线显示大灯镜像的当前位置；

⑦ 通过汽车灯光调节旋钮进行调节，直到粗线在中间目标窗口内，同时上部窗口出现对号，调节完成。

备注：大灯测试仪具体操作可参考灯光测试仪的使用视频。

（三）任务拓展

前照灯光束调整不当，将影响汽车夜间行车的安全，降低运输效率，增加驾驶员的疲劳强度。因此各国均重视前照灯的检验与调整，将其作为汽车安全检验项目之一。前照灯的调整是为了使前照灯在规定的距离内将道路照得明亮而均匀，且不使迎面来车的驾驶员炫目，以保证行车安全。

目前，前照灯光束调整标准各国略有差异，因此，调整时应参照该车说明书和技术手册进行。前照灯的检验可以采用屏幕检验法或仪器检验法，前者操作不便，精确度低，汽车检测站多用仪器检验法，即发展趋势是采用仪器检验，如无仪器则采用屏幕检验法，其具体步骤如下：

（1）将车开到对面是一个白墙，地面水平的地方，车头正对着白墙约 25 in（7.6 m）的位置。

（2）测量三个距离：近光灯中心到车中轴线的距离（距离 A）、远光灯中心到车中轴线的距离（距离 B）、近光灯中心到地面的距离（距离 C）。

（3）在对面墙上设置基准线，如图 3-20 所示。

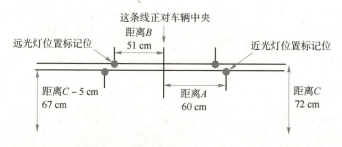

图 3-20　基准线

（4）打开车灯，调节灯光角度旋钮，如图 3-21 所示，使灯光光线满足基准线。

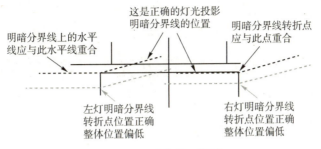

图 3-21　光线满足位置

三、参考书目

序列	书名，材料名称	说明
1	《汽车电气系统故障诊断与维修》	主编 张军　高等教育出版社
2	速腾维修手册、速腾保养手册、速腾用户手册、灯光测试仪使用手册	灯光测试仪使用手册

任务3.3 左前近光灯不亮故障诊断

一、任务信息

任务难度	中级		
学时	4学时	班级	
成绩		日期	
姓名		教师签名	
案例导入	客户反馈汽车左前近光不亮，要求进行排查更换。作为维修技师，请你帮助客户解决以上问题		
能力目标	知识	1. 能够掌握汽车前照灯的控制原理。 2. 能够识读汽车前照灯电路图。 3. 能够分析前照灯系统控制电路	
	技能	1. 能够熟练使用万用表进行测量。 2. 能够检测前照灯控制系统及执行元件。 3. 能够制订故障排除计划，并按照计划排除故障	
	素养	1. 具有规范操作、安全第一的职业素养。 2. 具有团队协作探讨、合作解决问题的学习习惯。 3. 具有以德为本、严谨踏实的工匠精神和社会责任心	

二、任务流程

（一）任务准备

针对问题车辆，如何制订维修计划？并通过制订的维修计划，排除汽车近光灯不亮故障，请查看下图二维码进行学习。

左前近光灯故障诊断

灯光常亮故障诊断

· 130 ·

（二）任务实施

根据能力素质培养要求，通过实训和技能训练完成以下工作任务。

任务 3.3.1 灯光控制原理解析

1. 工作表 照明系统电路特点及原理解析

（1）下图为一般照明系统的工作电路图，试说明其工作特点：

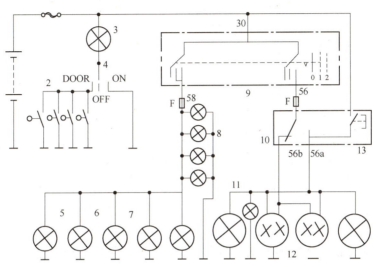

（2）下图为捷达轿车照明系统电路，试在电路图上用红笔标出左前大灯工作时的电流的流向，同时用另外颜色的笔标出远近光切换的工作电流的流向，并结合教具车（左前大灯不良故障）制订诊断计划，找出故障位置，完成修复。

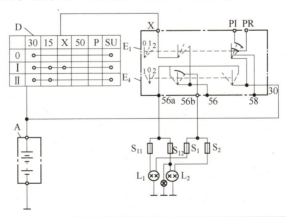

2. 参考信息

夜间行车时，驾驶员通过灯光开关点亮大灯，并可根据行车照明需要进行远光、近光变换，其控制电路如图 3-22 所示。

灯光开关灯控制开关打至Ⅱ挡（HEAD 位），大灯继电器工作，接通大灯电源。变光开关中的调光器开关有三个位置：闪光（超车）FLASH、近光 LOW、远光 HIGH，当调光器开关分别位于近光、远光位置时，可使大灯近光灯丝、远光灯丝分别通电而点亮；闪光（超车）位是一个点动位置，其工作频率取决于驾驶员的操作习惯，向前方驾驶员提供大灯频闪的超车信号，且驾驶员超车时可不必打开灯光开关，变光开关通过 A_{14} 线使大灯继电器工作。

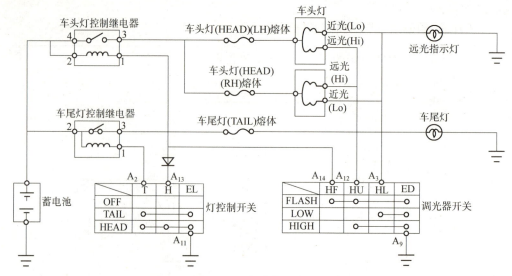

图 3-22 灯光控制电路

现代汽车为保证行车照明的安全与方便，减轻驾驶员的劳动强度，发展了多种新型的灯光控制系统，常见的有日间行车自动点亮系统、光轴控制系统等。控制电路分别如图 3-23、图 3-24、图 3-25 所示。

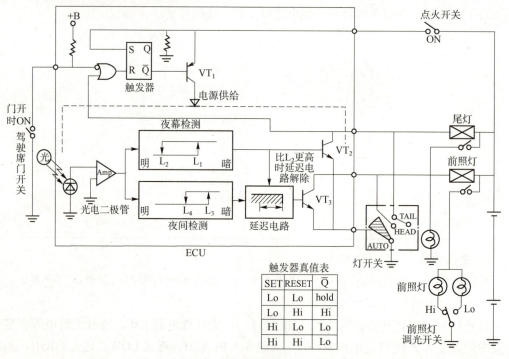

图 3-23 前照灯自动控制电路

当前照灯开关打至"AUTO"位置时，由安装在仪表板上部的光传感器检测周围的光线强度，自动控制大灯远光、近光灯丝点亮，其工作原理如下：

① 周围环境明亮时。当车门关闭，点火开关处于"ON"状态时，触发器的 SET、RESET 都是"Hi"。所以，输出"Q 非"成为"Lo"，使晶体管 VT_1 导通（ON），并向所有电路供电。当周围环境的亮度比夜幕检测电路的熄灯照度 L_2（约 550 lx）及夜间检测电路的熄灯照度 L_4（200 lx）更亮时，无论哪一个输出，都成为"Lo"，晶体管 VT_3 和 VT_2 成为截止（OFF）。

② 夜幕及夜间时。当周围的亮度比夜幕检测电路的点灯照度 L_1（约 130 lx）暗时，夜幕检测电路的输出成为"Hi"，使 VT_2 成为导通（ON）。此时，尾灯电路成为 ON，并点亮尾灯。当变成更暗的状态，达到夜间点灯电路的点灯照度 L_3（约 50 lx）以下时，夜间检测电路的输出也成为"Hi"。此时，延迟电路的输出也成为"Hi"，使晶体管 VT_3 成为导通（ON）。前照灯继电器变为 ON，点亮前照灯。

③ 接通后周围亮度变化时。在前照灯亮着时，由于路灯等原因周围环境突然变为明亮的情况下，夜间检测电路的输出变为"Lo"。但在延迟电路的作用下，在时间 T 期间，VT_3 仍保持导通（ON）状态，所以前照灯不熄灭。在周围的亮度比夜幕检测电路的熄灯照度 L_2 更亮的情况下，从夜幕电路输出"Lo"，而解除延迟电路，所以尾灯和前照灯都立即熄灭。

这种情况是相当于白天车从隧道出来的情况。

④ 自动熄灯使点火开关 OFF，而停止发动机时，触发器 S 端上输入"Lo"。但是，VT_2 仍是 ON 状态，所以 R 端上也输入"Lo"，而且不改变触发器的输出端 Q 的状态，仍保持为"Lo"。在这种状态下打开驾驶室门时，触发器 R 端上就输入"Hi"，"Q 非"端输出就反转成为"Hi"。向所有电路供应电源的晶体管 VT_1 成为截止（OFF），VT_2 及 VT_3 也成为截止（OFF），因而所有灯都熄灭。上述情况，在夜间黑暗的车库等处下车前，因为有车灯照亮周围，而给下车提供了方便。

车辆的姿势因乘车人数或载重量的变化而变化，前照灯光束的照射位置也随之发生变化，因而不能适当地照亮前方路面。前照灯光束调整机构是根据车辆姿势微调前照灯照射角度的装置，如图 3-24 所示。前照灯部件以枢轴为中心回转微小角度并改变光束的照射角度。执行器（促动器）由电动机和齿轮机构组成，在做光束轴线调整时，执行器驱动调整螺钉正反向旋转，使调整螺钉左右移动并带动前照灯以枢轴为中心摆动，实现前照灯光束的调整。

图 3-25 所示为控制系统电路工作过程，当开关打至"3"位置时（见图 3-25（a）），电流从执行器（促动器）端子 6→执行器端子 4→光束控制开关端子 6→接地，前灯降低继电器闭合，于是电流从执行器端子 6→前灯降低继电器→电动机→前灯升高继电器→执行器端子 5→接地，电动机工作，使前灯光束降低。电动机转过一定角度后，限位开关工作，执行器端子 6 与 4 之间不导通，前灯降低继电器断开，前灯光束停留在"3"的水平位置上。

开关打至"0"位（见图 3-25（b）），电流从执行器（促动器）端子 6→端子 1→水平光束控制开关端子 1→接地，前灯升高继电器闭合，于是电流从执行器端子 6→前灯升高继电器→电动机→前灯降低继电器→执行器端子 5→接地，电动机工作使前灯升高。电动机转过一定角度，限位开关工作，执行器端子 6 与 1 不导通，前灯升高继电器断开，前灯光束停留在"0"的水平位置上。

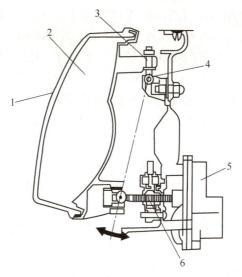

图 3-24 光束调整执行器（促动器）工作示意图

1—透镜；2—前照灯部分；3—枢轴臂；4—枢轴；5—执行器；6—调整螺钉

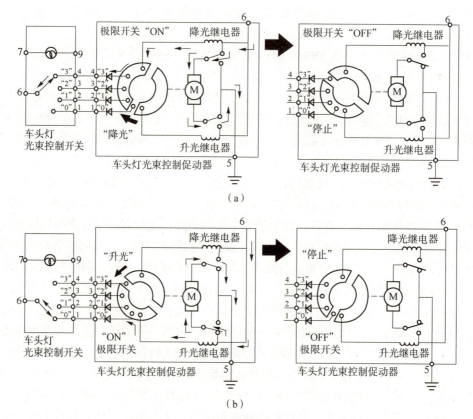

（a）

（b）

图 3-25 前照灯光束水平控制系统电路工作过程

（a）开关打至"3"；（b）开关打至"0"

前照灯延时控制电路。前照灯延时控制电路可使前照灯在电路被切断后，仍继续照明一段时间后自动熄灭，为驾驶员离开黑暗的停车场所提供照明。图 3-26 所示为美国得克萨斯仪表公司制作的前照灯延时控制电路，其工作原理如下：当汽车停驶切断点火开关时，三极管 VT_1 处于截止状态，此时电容器 C_1 立即经 R_3、R_4 开始充电，当 C_1 上的电压达到单结晶体管 VT_2 的导通电压时，C_1 则通过其发射极、基极和电阻 R_7 放电，于是在 R_7 上产生一个电压脉冲，使三极管 VT_3 瞬时导通，消除加于可控硅上的正向电压，使可控硅关断。随后，VT_3 很快恢复截止，可控硅还来不及导通，前照灯继电器 J 失电而使其触点 K 打开，将前照灯电路切断，实现自动延时关灯的功能。

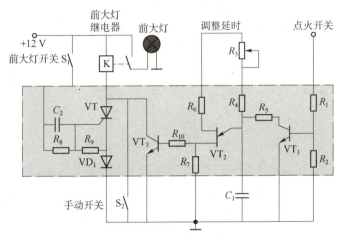

图 3-26　前照灯延时控制电路

任务 3.3.2　左前近光灯不亮故障诊断

1. 工作表　左前近光灯不亮故障诊断

（1）请画出速腾前照灯电路简图。

（2）针对左前近光灯不亮故障，请分析列出可能的故障原因。

（3）如何检查故障灯灯泡的好坏？

（4）测量电阻时有哪些注意事项？

（5）测量灯泡两点之间电压。

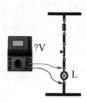

灯泡两点之间电压为（　　　）V。

（6）圈出电路图中故障线路需要测量的点位。

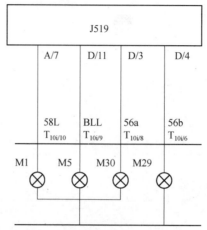

（7）对测量点位进行电位测量，并做好记录。

灯泡的供电端子电位为（　　　）V；J519 的输出端电位为（　　　）V。

（8）指出电路中的故障线路，并进行测量。

测得阻值为（　　　）Ω。

（9）确定故障原因。

_____

_____

2. 参考信息

（1）电路的基础分析计算。

电路的分析与计算主要是电压、电流和功率的计算问题，是分析汽车电路排除故障的基础，因此需要掌握以下内容：

① 欧姆定律。

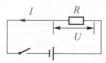

欧姆定律：导体中的电流，跟导体两端的电压成正比，跟导体的电阻成反比。欧姆定律的数学表达式为 $I=U/R$，其中，I 表示通过这段导体的电流，单位为 A；U 表示这段导体两端的电压，单位为 V；R 表示这段导体的电阻，单位为 Ω。

② 串并联电路。

在汽车电路的分析中，经常会用到串联电路的分压作用和并联电路的分流作用，串联电路是元器件首尾依次连接在电路中，电路只有一条路径，任何一处开路都会出现开路。并联电路是在构成并联的电路元件间电流有一条以上的相互独立通路，电路有多条路径，每一条电路之间互相独立，有一个电路元件开路，其他支路照常工作，图3-27所示为串并联电路电流、电压、电阻的特点。

项目	串联电路	并联电路
电路图	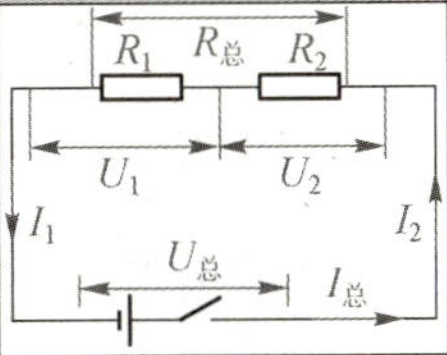 （图）	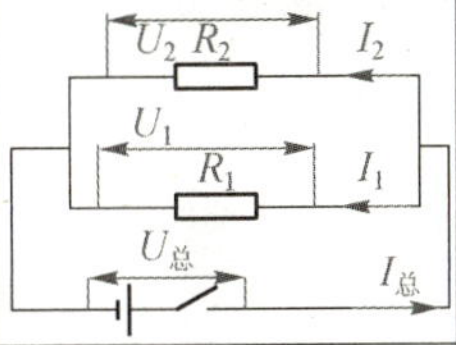 （图）
电流	$I_总=I_1=I_2$	$I_总=I_1+I_2$
电压	$U_总=U_1=U_2$	$U_总=U_1+U_2$
电阻	$R_总=R_1=R_2$	$R_总=\dfrac{R_1 \cdot R_2}{R_1+R_2}$
分配规律	$U_1:U_2=R_1:R_2$	$I_1:I_2=R_2:R_1$

图3-27 串并联电路特点

③ 功率的计算。

电流在单位时间内做的功叫作电功率，用来表示消耗电能的快慢的物理量，用 P 表示，它的单位是瓦特，简称"瓦"，符号是W。电功率计算公式：

$$P=W/t=UI$$

（2）电压的带载和空载测量。

在汽车电路中，要学会分析电路，就要从了解电路的三种工作状态开始，电路的三种状态分别是通路（带载）、短路、开路（空载）。在分析汽车电路的过程当中，经常会用到电路的带载测量和空载测量。

如图3-28所示，分别是12 V供电电源下汽车带载测量和空载测量的两种工作状态，在带载测量的电路中，模拟灯泡连接的线路中出现虚接现象，将灯泡与一个1 kΩ的电阻串联，1 kΩ电阻远大于小灯泡的电阻，因此用万用表测得小灯泡两点之间电压为0 V。在空载测量的电路中，与带载测量电路进行对比，灯泡连接的线路出现断路，电阻相当于无穷大，因此用万用表测得灯泡两点之间电压为12 V。

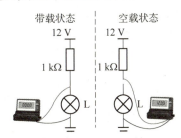

图3-28 汽车电路带载和空载工作状态

(3) 电阻的测量。

在汽车电路的诊断过程当中，经常需要测量元器件的电阻，在应用万用表（见图 3-29）（测量电阻时需注意以下几点：

① 在测量电阻前，首先应确认电路电源处于关闭状态，旋转开关转至欧姆挡位置；

② 万用表的测试导线上有 0.1~0.2 Ω 的电阻，为了避免对测试值的影响可以通过 REL 模式自动调整；

③ 如果测试电阻的阻值小，可以通过按背景灯按键进入可变电阻 Hi-Res 模式，显示屏可以显示 0.01~1 999 Ω 的范围。

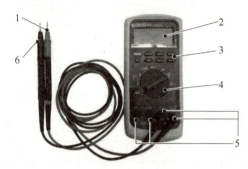

图 3-29　万用表介绍

1—正极表笔（红色）；2—显示屏；3—按钮键；4—旋转开关；5—输入端子；6—负极表笔（黑色）

(4) 导线的损坏类型。

在汽车电路中，很多故障都是由导线损坏而引起的，常见的导线损坏类型有以下几种：

① 外力损坏。相当多的导线故障都是由于机械损伤引起的。

② 绝缘受潮。一般发生在绝缘的电线接头处。

③ 化学腐蚀。因长期遭受化学腐蚀或电解腐蚀，致使保护层失效，绝缘降低，也会导致电线故障。

④ 长期过负荷运行。超负荷运行，由于电流的热效应，负载电流通过导线时必然导致导体发热，电荷的损耗、绝缘介质损耗也会产生附加热量，从而使导线温度升高。

（三）任务拓展

汽车灯光常亮的故障诊断。

任务描述：2009 年速腾轿车，打开车灯时，无论车灯开关打到什么挡位，汽车前大灯均一直点亮，如果你是一名汽车售后维修人员，应如何解决这个故障呢？

工作表　汽车灯光常亮的故障诊断策略。

步骤 1：故障现象确认。

观察车灯开关各挡位的灯光故障现象。

步骤 2：画出电路简图。

查阅维修手册读取电路图，画出电路简图。

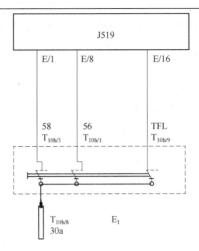

步骤3：分析故障现象。

电路的组成及各点位的含义。

电路由（　　）、（　　），通过导线连接组成。其中（　　）对应 OFF 挡位，（　　）对应示廓灯挡位，（　　）对应近光灯挡位。

理解汽车灯光的应急模式，并完成表格。

开关挡位	$T_{10h/9}$	$T_{10h/3}$	$T_{10h/1}$
OFF	1	0	0
示廓灯			
近光灯			

步骤4：故障诊断流程。

（1）用诊断仪的数据流读取功能，检测车灯开关 E_1 的状态并与标准值进行对比。

在示廓灯挡位与标准值对比（　　），在近光灯挡位与标准值对比（　　），在 OFF 挡位时与标准值对比（　　）。

（2）翻开电路图，找出开关处于 OFF 挡位时，圈出来电线通过车灯开关 E_1 传递到车载电网控制单元的针脚，并进行电位测量。

E/16，测量其电位为（　　）V。

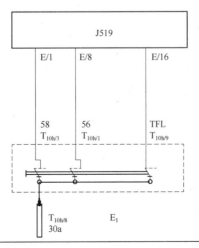

（3）进一步验证，拔下该插头，打开点火开关，对其电位再次测量。

测量其电位为（　　）V。

（4）分析测得不可信电位的由来。

（5）在电路图中圈出故障线路及需要测量的点位。

（6）对测量点位进行电位测量。

测量其电位为（　　）V。（正常/不正常）

（7）画出故障线路。

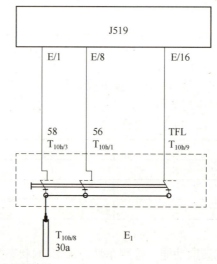

（8）对故障线路进行电阻测量。

测量的电阻值为（　　）Ω。

（9）故障原因。

三、参考书目

序列	书名，材料名称	说明
1	《汽车电气系统故障诊断与维修》	主编 张军 高等教育出版社
2	速腾维修手册、速腾保养手册、速腾用户手册、速腾电路图	速腾电路图

任务 3.4　智能灯光系统故障检修

一、任务信息

任务难度	高级		
学时	4学时	班级	
成绩		日期	
姓名		教师签名	
案例导入	客户抱怨：迈腾B8L汽车前照灯照明距离过短，看不清远处障碍物，要求进行检修；作为维修技师，请你帮助客户解决以上问题		
能力目标	知识	1. 能够掌握汽车智能灯光系统的结构和原理。 2. 能够掌握汽车智能灯光系统实现的功能	
	技能	1. 能够熟练使用万用表进行测量。 2. 能够检测智能灯光系统及执行元件。 3. 能够制订故障排除计划，并按照计划排除故障	
	素养	1. 具有规范操作、安全第一的职业素养。 2. 具有团队协作探讨、合作解决问题的学习习惯。 3. 具有以德为本、严谨踏实的工匠精神和社会责任心	

二、任务流程

（一）任务准备

针对问题车辆，如何制订维修计划？并通过制订的维修计划，去排除智能大灯无法调节的故障，进行维修，请查看下图二维码进行学习。

水平高度传感器故障更换及基本设定

（二）任务实施

根据能力素质培养要求，通过实训和技能训练完成以下工作任务。

任务 3.4.1 智能灯光系统的认识

1. 工作表 智能灯光系统的结构与功能

（1）请列出智能灯光系统的三大组成部分。

____

____

（2）请列出智能灯光系统的主要功能。

____

____

____

（3）请画出智能灯光系统的原理框图。

____

____

____

2. 参考信息

（1）智能灯光系统的结构原理和功能。

自动调节大灯也被称为随动转向大灯，其系统简称 AFS（Adaptive Front-lighting System），全称是汽车自适应前大灯系统或智能前照灯系统，主要分为静态系统和动态系统两种。如图 3-30 所示，随动转向大灯由三大部分组成，分别是传感器组件、电控单元以及执行器。

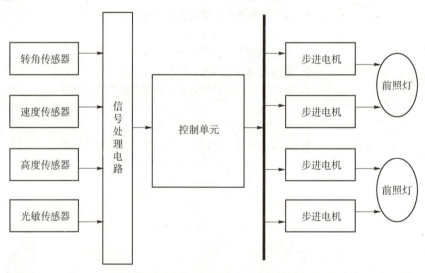

图 3-30 前照灯自适应控制系统框图

静态系统可以通过悬挂系统传感器的信号以及 ABS 防抱死系统的车速信号，判断车辆是处于静止状态还是匀速行驶状态。一旦车辆的情况发生改变，AFS 静态系统就会立刻自动调节大灯的角度。

当车辆刚起动时，动态系统和静态系统的控制功能基本一样，但当汽车进入波动较大的工作状况时，AFS 动态系统的信号处理速度就会瞬间加快，能在毫秒之间调整好灯光的角度，扩宽驾驶员的视野。

（2）智能灯光系统实现的功能。

自适应系统能够实现以下功能，如图 3-31 所示。

图 3-31　实现功能

在汽车行驶在弯路时，AFS 系统能非常及时地让车灯光束随着方向盘的转动而转向弯道内侧，甚至当车辆还没有到达弯道的中心前，车灯就已经可以照亮整个弯道内侧的视野盲区，同时留在弯道前方路面的有效光线也会比侧向辅助照明灯更多一些，如图 3-32 所示。

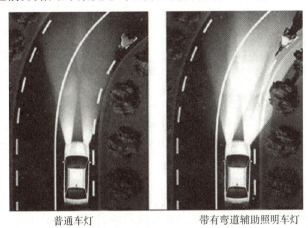

图 3-32　灯光对比图

任务 3.4.2　水平高度传感器更换

1. 工作表　智能灯光无法调节故障诊断

（1）针对仪表报警：照明距离调节装置故障，请分析可能的故障原因。

（2）智能灯光系统故障案例诊断方法有哪些？
_____
_____
_____

（3）依据故障车制订诊断计划，并根据计划完成智能大灯的故障修复（更换水平高度传感器）。
_____
_____
_____
_____

2. 参考信息

（1）智能灯光系统控制原理。

大灯控制单元根据车辆的负载情况自动调节大灯照程，控制单元采集安装于前、后轴车身高度传感器的信号来确定车辆的负载情况，然后命令电机动作，使大灯照程始终处于最佳照程状态，如图3-33所示。

图 3-33 根据负载变化调整大灯的照程
（a）无负载情况下行驶；（b）有负载情况下行驶
1—高度传感器

传感器的工作原理为霍尔效应原理，霍尔传感器集成在转子上，转子处在均匀的磁场中，磁场在霍尔传感器中产生霍尔电压。该电压与磁通密度成正比，传动杆将车轴跳动传给传感器，当环行电磁铁随转子轴转动时，通过霍尔传感器的磁通密度发生变化，将跳动信号换成与转角成比例的电信号。控制单元采集来自轴传感器前、后轴间的电压差控制大灯照程。车身高度传感器如图3-34所示。传感器被设计成一种双腔室系统。在传感器一边（腔室1），装备了转子，而在另一边（腔室2），则装备了带有定子的电路板。转子和定子为分别安装的，因此它们可独立密封。转子包含了一根黏合了稀土磁铁的无磁性的不锈钢轴。稀土磁铁用于强磁场且要求磁铁尺寸极小的。

传感器被设计成一种双腔室系统。在传感器一边（腔室1）装备了转子。而在另一边（腔室2），则装备了带有定子的电路板。转子和定子为分别安装的，因此它们可独立密封。转子包含了一根黏合了稀土磁铁的无磁性的不锈钢轴。稀土磁铁用于强磁场且要求磁铁尺寸极小的场合，转子通过操纵杆连接到连接杆上，操纵杆也用来驱动转子。转子安装在操纵杆内的轴密封环里面。这样能有效地保护机件不受其他零件的干扰。定子由一个霍尔传感器组成，并被安装在电路板上。电路板由 PU 块（聚氨酯）塑成，这样能保护其不受外部的干扰。图 3-35 所示为前桥车身高度传感器 G289 安装位置。

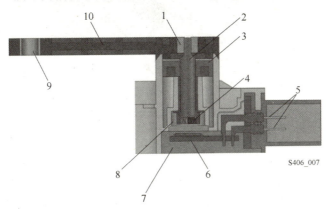

图 3-34　车身高度传感器

1—轴承；2—转子；3—轴密封环；4—电磁铁；5—插头触脚；6—带定子的电路板；7—腔室 2（PU 块）；
8—腔室 1；9—用来连接到连接杆的安装衬套；10—操纵杆

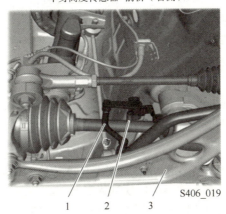

图 3-35　前桥车身高度传感器 G289 安装位置

1—连接杆；2—右前车身高度传感器 G289；3—摆臂

（2）水平高度传感器拆装步骤。

如果汽车装备了空气悬架，将汽车置于升降台上进行拆装，如图 3-36 所示。

① 脱开插头连接器。

② 拧下螺母。

③ 拧出螺栓，此时不要把上固定板弯折。

④ 取下水平高度传感器。

安装时，以倒序进行，同时注意传感器杆必须指向外侧。

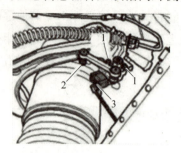

图 3-36　拆装位置

1—螺栓；2—螺母；3—插头连接器

（三）任务拓展

红旗智能远光控制系统介绍：

智能远光灯控制功能可以根据周围路况条件，自动帮助驾驶员进行远近光灯切换。车速大于 40 km/h，智能远光控制激活，组合仪表的智能远光指示灯点亮；车速低于 25 km/h，智能远光控制待机，智能远光指示灯熄灭。

起动动力系统，将前照灯开关置于 AUTO 位置，远光灯开关手柄处于"远光关闭"位置，并且自动灯光控制处于近光灯开启状态时，智能远光控制系统开启。

车速高于约 40 km/h 时，满足下列所有条件，远光将自动打开。

（1）车辆前方区域黑暗。

（2）前方无完整的前照灯或完整的尾灯打开的车辆。

（3）道路前方少许街灯打开。

满足下列任一条件时，远光将自动关闭。

（1）车速低于约 25 km/h。

（2）车辆前方区域很亮或者前方车辆打开完整的前照灯或完整的尾灯，道路前方多个街灯打开。

在下列情况下，系统可能无法准确检测周围亮度等级，可能导致智能远光控制系统无法正常工作。下列情况下，请手动切换远光和近光。

① 光线雨量传感器或先进驾驶辅助系统摄像头有故障时。

② 前风窗玻璃因湿气、冰、脏污等变得模糊时。

③ 前风窗玻璃破裂或损坏时。

④ 由于雾、大雨、雪等原因，前方视野不清晰时。

⑤ 摄像头变形或脏污时。

⑥ 摄像头温度极高时。

⑦ 周围环境亮度相当于前照灯、尾灯或雾灯的亮度时。

⑧ 前方车辆前照灯或尾灯关闭、脏污、变化颜色、未正确对光或单只点亮时。

⑨ 驾驶通过明暗间歇变化的区域时。

⑩ 频繁或重复行驶在上下坡道路、颠簸路面或凹凸不平的路面（例如：石头铺设的道

路,砂砾路等)时。

⑪ 频繁或重复转弯或行驶在蜿蜒道路时。

⑫ 车辆前方有高反射性物体,如标志或镜子。

⑬ 前方车辆的背面反射性高,如卡车上的集装箱。

⑭ 车辆的前照灯损坏、脏污或未正确对光时。

⑮ 当对面的车辆关闭大灯并打开雾灯时。

⑯ 车辆因轮胎泄气、牵引挂车等而倾斜时。

⑰ 远光和近光以不正常的方式重复切换时。

⑱ 车辆前方有一个与前大灯或尾灯相似的灯时。

⑲ 湿路、积雪、冰路等道路存在反光的情况时。

三、参考书目

序列	书名,材料名称	说明
1	《汽车电气系统故障诊断与维修》	主编 张军 高等教育出版社
2	迈腾维修手册、迈腾保养手册、迈腾用户手册、迈腾电路图、红旗H9用户手册	迈腾电路图

任务 3.5 转向信号灯不亮故障检修

一、任务信息

任务难度	中级		
学时	4学时	班级	
成绩		日期	
姓名		教师签名	
案例导入	操作转向信号灯开关，左前转向信号灯不亮。车主将车开到4S店，由你解决这个问题		
能力目标	知识	1. 能够正确认识信号系统的组成。 2. 能够根据转向信号灯电路控制原理分析可能的故障原因。 3. 能够制订排除转向信号灯电路故障的工作计划	
	技能	1. 能够正确操作转向开关及危险警告灯开关。 2. 能够正确识读转向及危险警告灯电路图。 3. 能够使用专用诊断设备及工具排除转向信号灯电路故障	
	素养	1. 能够展示操作成果。 2. 能够以严谨的态度分析可能的故障原因，用规范的测量方法排查故障。 3. 能够与团队成员协作完成任务	

二、任务流程

（一）任务准备

汽车车内和车外的信号灯包括哪些？如何操作？扫描二维码学习。

灯光检查

（二）任务实施

任务 3.5.1 转向信号灯不亮故障确认与分析

1. 工作表 转向信号灯不亮故障确认与分析

（1）请列举车外信号灯都有哪些？完成下面的表格。

名称	安装位置	数量	颜色	开启条件

（2）传统的转向信号灯电路由哪些部分组成？现代车型的转向信号灯电路主要由哪些部分组成？

（3）画出捷达 1984 转向信号灯及危险警告灯电路简图。

（4）画出迈腾 B7 转向信号灯及危险警告灯（闪烁报警灯）电路简图。

（5）针对迈腾 B7 车型，分析左前转向信号灯不亮可能的故障原因。

2. 参考信息

（1）车外信号灯。

汽车外部灯光主要分为照明灯光和信号灯光两种，汽车外部的信号灯光装置主要有转向信号灯、危险警告灯、示廓灯、尾灯、制动灯、倒车灯和后雾灯。

① 转向信号灯。

汽车转弯时，发出明暗交替的闪光信号，以表明汽车向左或向右转向行驶，使前后车辆、行人知其行驶方向。转向信号灯一般有四只或六只，它有前、后、侧转向信号灯之分，光色一般为橙色。

② 危险警告灯。

危险警告灯与转向信号灯共用。当车辆出现故障停在路面上时，按下危险报警开关，全部转向灯同时闪亮，提醒后方车辆避让。

③ 示廓灯。

示廓灯（前小灯）装于汽车前后两侧边缘，白色，用于标示汽车夜间行驶或停车时的宽度轮廓。

③ 尾灯。

尾灯装于汽车尾部，左右各一只，红色，用于警示后面的车辆，以便保持一定的距离。

⑤ 制动灯。

制动灯装于汽车后面，每当踏下制动踏板时，便发出较强的红光，以示制动或减速停车，向车后发出灯光信号，警示随后车辆及行人。制动灯多采用组合式灯具，一般与尾灯共用灯泡（双丝灯），但制动灯功率较大，为 20 W 左右。

⑥ 倒车灯。

倒车灯装于汽车尾部，左右各一只，白色，用于照亮车后路面，并警告车后的车辆和行人，表示该车正在倒车。

⑦ 后雾灯。

后雾灯装于汽车后面，有的车型装有一个后雾灯，有的车型装有两个后雾灯，红色。如果只有一个后雾灯，法律规定应该安装在驾驶员侧。红色光波波长比较长，穿透力好，雨雾天气开启后雾灯，能够给后方车辆提示位置，提高行驶安全性。

目前多将汽车后部的尾灯、后转向信号灯、制动灯、倒车灯等组合起来称为组合后灯。而将前照灯、前雾灯和前转向灯等组合在一起称为组合前灯。另外，汽车信号系统还包括喇叭。

（2）汽车转向信号系统组成及工作原理。

汽车转向灯主要是用来指示车辆的转弯方向，以引起交通民警、行人和其他驾驶员的注意，提高车辆行驶的安全性。传统转向灯系统一般由转向信号灯、转向指示灯、转向开关、闪光器等组成。当汽车要向左或向右转向时，通过操纵转向开关，使车辆左侧或右侧的转向信号灯经闪光器通电而闪烁发光。驾驶员还可以通过操纵危险车警开关使全部转向灯闪亮，发出警示。

传统转向信号灯的频闪由闪光器控制。闪光器按结构和工作原理可分为电热丝式（又称电热式）、电容式、晶体管式等多种。电热式闪光器结构简单，制造成本低，但由于闪光频率不够稳定，使用寿命短，已被淘汰。晶体管式闪光器具有性能稳定、可靠等优点，故得到了广泛的应用。

① 电容式闪光器。

电容式闪光器是利用电容器充、放电延时特性，使继电器的两个线圈产生的电磁吸力时而相同叠加，时而相反削减，从而使继电器产生周期性开关动作，使得转向信号灯及指示灯实现闪烁。电容式闪光器如图 3-37 所示。

其工作原理如下：

当汽车向左转弯接通转向灯开关时，电流便从蓄电池正极、电源开关、串联线圈、触点、转向灯开关、左转向信号灯及指示灯、搭铁、蓄电池负极构成回路，电流通过串联线圈产生的电磁吸力大于弹簧片的作用力，触点被打开，转向灯处于暗的状态。此时，蓄电池向电解电容器充电，充电电流由蓄电池正极、电源开关、串联线圈和并联线圈、电解电容器、转向灯开关、左转向信号灯及指示灯、搭铁、蓄电池负极构成回路。由于串联线圈电阻较大，充电电流很小，转向灯仍处于暗的状态。同时充电电流通过串联线圈、并联线圈产生的电磁吸力方向相同，使触点继续打开，随着电容器两端电压的逐渐升高，其充电电流逐渐减小，串联线圈、并联线圈的电磁吸力减小，使触点重新闭合，转向灯处于亮的状态。此时，电解电容器通过并联线圈和触点放电，使串联线圈和并联线圈产生的电磁吸力方向相反，电磁吸力减小，故触点仍保持闭合，转向灯继续发亮。随着电容器的放电，其两端电压逐渐下降，电流减小，在串联线圈的电磁吸力作用下，触点重又打开，转向灯变暗。如此反复，使转向灯发出闪光。

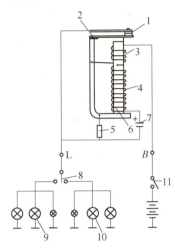

图3-37　电容式闪光器

1—触点；2—弹簧片；3—串联线圈；4—并联线圈；5—灭弧电阻；6—铁芯；7—电解电容器；
8—转向灯开关；9—左转向信号灯及指示灯；10—右转向信号灯及指示灯；11—电源开关

② 晶体管式闪光器。

晶体管式闪光器分为有触点晶体管式和无触点全晶体管式两种。

a. 有触点晶体管式闪光器。

图3-38所示为有触点晶体管式闪光器的电路图。当汽车向左转弯时，转向开关S接通左转向灯，电流便从蓄电池正极→熔断器电阻R_0→触点P→转向开关S→左转向灯→搭铁→蓄电池负极构成回路，左转向信号灯和指示灯点亮。同时，R_0上的电压降使三极管V导通产生集电极电流。集电极电流经继电器J搭铁，继电器J的线圈产生电磁吸力使触点P打开。于是蓄电池向电容器C充电，使左转向灯的灯光变暗。随着充电时间的延长，充电电流减小，三极管V的基极电位提高，偏流减小。当基极电位接近发射极电位时，三极管V截止，集电极电流消失，触点P又闭合，转向灯又被点亮，同时，电容器C经R_2、触点P、R_1放电。

电容器C放完电后，三极管V的基极上又恢复低电位，三极管V重新导通，集电极电流又经继电器J的线圈产生电磁吸力使触点P打开，重复上述过程，使转向灯发出闪光。其闪光频率由电容器C的充放电时间常数来决定。

b. 无触点全晶体管式闪光器。

图3-39所示为一种简单的无触点电子闪光器的电路图，其工作原理如下：

接通转向灯开关，V_1因正向偏压而饱和导通，V_2、V_3则截止。由于V_1的发射极电流很小，故转向灯较暗。同时，电源通过R_1对C充电，使得V_1的基极电位下降，当低于其导通所需正向偏置电压时 V_1 截止。V_1 截止后，V_2 通过 R_3 得到正向偏置电压导通，V_3 也随之饱和导通，转向信号灯变亮。此时，C 经 R_1、R_2 放电，使 V_1 仍保持截止转向信号灯继续发亮。随着 C 放电电流减小，V_1 基极电位又逐渐升高，当高于其正向导通电压时，V_1 又导通，V_2、V_3 又截止，转向信号灯又变暗。随着电容器的充电放电，V_3 不断导通、截止，如此循环，使转向灯闪烁。

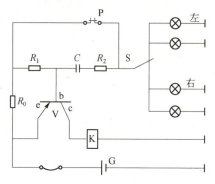

图 3-38 国产 SG131 型有触点晶体管式闪光器的电路图

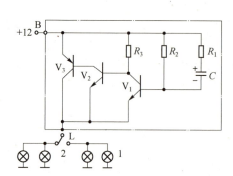

图 3-39 国产 SG131 型无触点电子闪光器的电路图

1—转向信号灯；2—转向灯开关

③ 现代轿车转向信号系统电路组成及工作原理。

现代轿车转向开关信号给控制单元，控制单元检测到转向工作条件满足后给转向信号灯供电。因此，转向信号系统主要由转向开关、控制单元和转向信号灯等部分组成。

（3）汽车倒车信号系统的组成及工作原理。

汽车倒车时，为了警告车后的行人和车辆驾驶员，在汽车的后部常装有倒车灯、倒车蜂鸣器或语音倒车报警器，它们均由装在变速器盖上的倒车灯开关自动控制。

① 倒车警告信号电路。

倒车警告信号电路如图 3-40 所示。

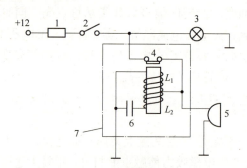

图 3-40 倒车警告信号电路

1—熔断器；2—倒车信号灯开关；3—倒车信号灯；4—继电器触点；5—蜂鸣器；
6—电容器；7—倒车信号间歇发声控制器

其工作原理为：

倒车时，装在变速器上的倒车信号开关触点接通倒车信号灯电路，倒车信号灯亮。与此同时，倒车蜂鸣器利用电容器的充电和放电，使线圈 L_1 和 L_2 的磁场时而相加、时而相减，使触点时开时闭，从而控制电磁振动式蜂鸣器间歇发声，以警告行人和其他车辆的驾驶员注意。

② 倒车灯开关。

倒车信号装置由倒车灯开关控制。倒车灯开关的结构如图 3-41 所示。当把变速杆拨到倒车挡时，由于倒车开关中的钢球被松开，在弹簧的作用下，触点闭合，于是倒车灯、倒车蜂鸣器或语音倒车报警器便与电源接通，使倒车灯点亮、蜂鸣器发出断续的鸣叫声、语音倒车报警器发出警告声音。

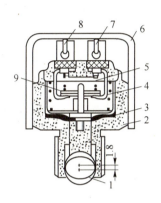

图 3-41　倒车灯开关的结构

1—钢球；2—壳体；3—膜片；4—触点；5—弹簧；6—保护罩；7，8—导线；9—金属盘

③ 倒车蜂鸣器。

倒车蜂鸣器也是一种汽车声响信号，当汽车后退时发出声响以警告行人和其他车辆。倒车蜂鸣器是并联在倒车灯电路上的。

目前，在一些商用汽车上还使用了音乐和语音倒车警告信号装置。利用集成电路语音片控制扬声器发出"嘟、嘟、倒车请注意！倒车请注意"的警告声。音乐和语音倒车警告声音悦耳，更易引起人们的注意。

④ 倒车雷达系统。

倒车雷达系统在倒车时起到辅助报警作用，使安全性大大提高。当驾驶员挂入倒挡后倒车雷达侦测器进入自我检测。当自我检测通过后，就开始检测汽车后部障碍物。

倒车雷达系统由倒车雷达侦测器、控制器、蜂鸣器等组成。倒车雷达侦测器安装在车辆后部保险杠上，如图 3-42 所示。它向汽车后部发射超声波，并接收反射回来的超声波。控制器接收从侦测器传来的信号，经计算判断障碍物离车尾的距离。如达到报警位置，就传送信号给蜂鸣器。

倒车雷达系统利用声呐原理工作，如图 3-43 所示。当发射的超声波频率达到 40 kHz 时，超声波遇到障碍物时，会有反射波产生，被传感器接收后，控制器就会利用发射波与反射波之间的延迟时间计算出障碍物与雷达发射器的距离，并据此采取相应的报警提示。

图 3-42 倒车雷达安装位置
1—倒车雷达侦测器

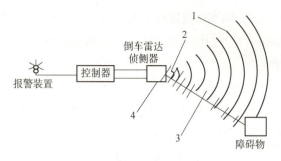
图 3-43 倒车雷达系统工作原理
1—发射波；2—发射器；3—反射波；4—接收器

倒车雷达系统的有效侦测范围如图 3-44、图 3-45 所示。

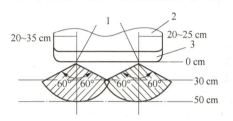
图 3-44 倒车雷达系统左右有效侦测范围
1—传感器；2—车身；3—保险杠

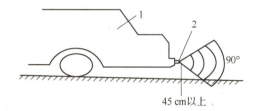
图 3-45 倒车雷达系统上下有效侦测范围
1—车身；2—传感器

（4）大众车系信号系统控制。

以大众车型为例，照明、信号系统由 J519（车载电网控制单元）控制，如图 3-46 所示。其基本特点是：

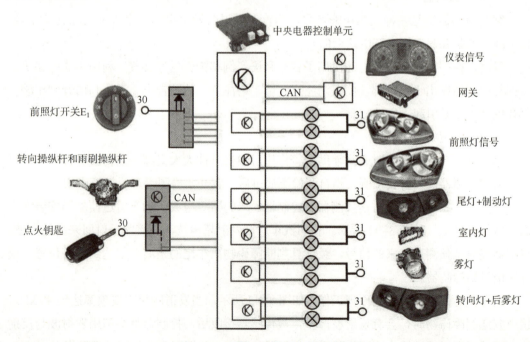
图 3-46 照明、信号系统控制原理图

① 灯光开关、信号开关安装 J519 前侧，只是提供相应的"电信号"功能，不具备直接向灯具提供电能的功能，车载电网控制单元（J519）、转向柱控制单元（J527）检测到开关向电控单元所定义的不同接脚提供的不同"电信号"来判断不同灯具点亮或者实现不同挡位的控制，由电控单元将电源和灯具接通。

② 灯具和 J519 之间不设置熔断器，熔断器设置在电控单元或者开关的前侧就意味着熔断器出现断路、短路故障时不仅影响灯具工作，还会影响整个系统工作。

③ 电控单元输出的不一定是 12.7 V 电源稳定电压，而是具有一定调频的占空比信号（如尾灯控制、转向灯控制、制动灯控制），使得灯具工作时更省电，寿命更长。

④ 由于实现了闭环控制，因此可以实现对灯具的监控等一些特殊的功能。

⑤ 故障诊断更多依赖于专用仪器，例如 VAS505X 系列、VAS6150X 系列。

a. 后组合灯。

后尾灯总成采用 LED 技术和普通灯泡，分为两部分：

侧围上的尾灯：双圆环设计，集成了尾灯、制动灯和转向灯。采用 LED 技术，LED 的优点是响应速度快、更加醒目、亮度均匀，更重要的是用很低的电压就能驱动。

后备厢上的尾灯：采用普通的灯泡，左侧为后雾灯；右侧为倒车灯，如图 3-47 所示。

第三刹车灯（高位制动灯）和集成在车外后视镜上的转向灯都采用 LED 技术。

b. 尾灯供电。

尾灯分为两组 LED 灯：制动灯组和转向灯组。作为尾灯时，外圈供电电压约为电源电压的 15%，内圈供电电压约为电源电压的 10%，如图 3-48 所示。

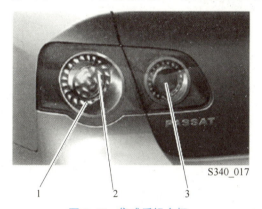

图 3-47 集成后组合灯

1—尾灯和转向灯；2—尾灯和制动灯；3—后雾灯

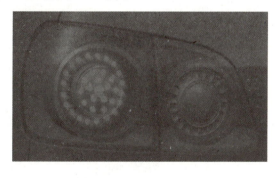

图 3-48 作为尾灯的后组合灯

c. 制动灯供电。

内圈 LED 灯用于制动灯制动时，供电电压为 100%。如果尾灯点亮并且施加制动，车载电网控制单元 J519 会将制动灯的供电电压由 10% 提高到 100%，如图 3-49 所示。

d. 转向灯组。

外圈 LED 灯用于转向灯，频率为 1.25 Hz，可分为明和暗两个阶段。当尾灯点亮，同时需要开转向灯时，供电电压通过脉宽调制信号提供，最大有效电压为蓄电池电压，如图 3-50 所示。

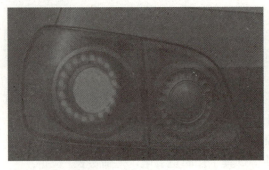

图 3-49 制动灯组供电

图 3-50 转向灯组供电

e. 后组合灯的控制。

a）作为驻车灯时，J519 向驻车灯提供具有一定占空比的脉冲供电电压，如图 3-51 所示。

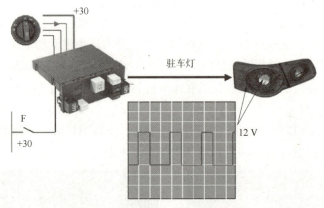

图 3-51 驻车灯控制

b）作为制动灯时，J519 向尾灯提供占空比为 100% 的脉冲供电电压，如图 3-52 所示。

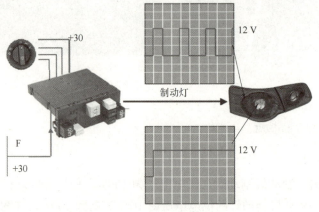

图 3-52 制动灯控制

f. 转向信号灯的控制。

转向信号灯的控制如图 3-53 所示。信号传递路线为：转向开关信号→J527→舒适 CAN 总线→J519→转向灯，J519 提供脉宽调制信号的闪烁频率为 1.25 Hz，无须闪光继电器。

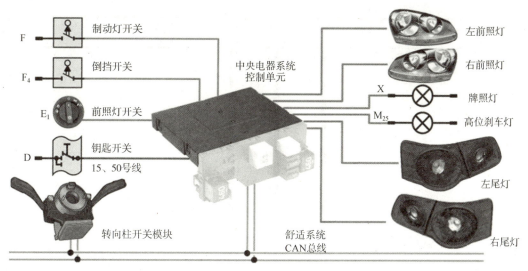

图 3-53　转向信号灯控制路径

迈腾 B7L 2012 左前转向信号灯电路如图 3-54 所示。

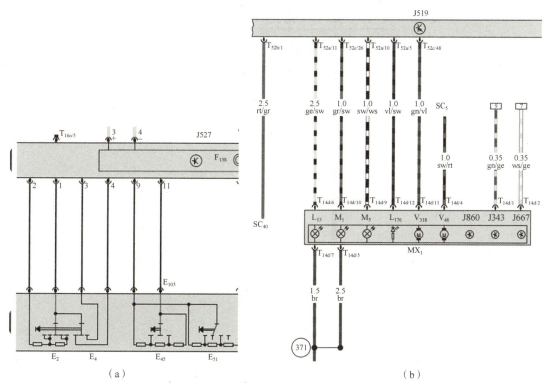

图 3-54　左前转向信号灯电路

(a) 转向开关电路；(b) 左前转向信号灯电路

E_2—转向信号灯开关电路；M_5—左前转向信号灯灯泡；J519—车载电网控制单元；J527—转向柱控制单元

危险警告灯开关电路如图 3-55 所示。危险警告灯开关信号给 J519，J519 直接给所有的转向信号灯同时供电点亮，不受点火开关信号控制。

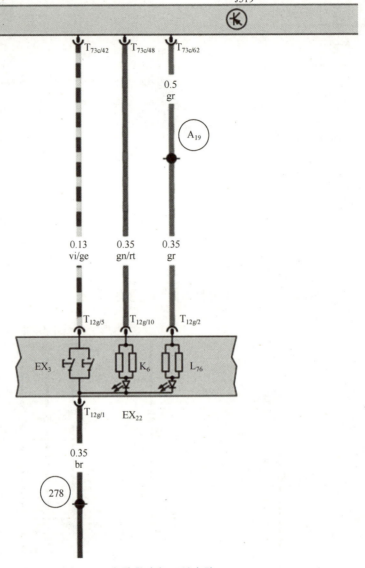

图 3-55 危险警告灯开关电路

任务 3.5.2 转向信号灯不亮电路测量与分析

1. 工作表 转向信号灯不亮电路测量与分析

（1）操作灯光开关，确认故障现象并写出。

（2）根据迈腾 B7 车型转向信号灯电路控制原理，分析左前转向信号灯不亮可能的故障原因。

(3) 画出迈腾 B7 转向信号灯及危险警告灯（闪烁警告灯）电路简图。

(4) 实施测量，列出测量步骤和测量值。

测量对象	
测量条件	
测量设备	
测量参数	
目标值	
实测值	
是否正常	

(5) 排除左前转向信号灯不亮故障，给出结论。

2. 参考信息

针对左前转向信号灯不亮故障的具体诊断流程包含以下几个步骤。

(1) 故障现象确认。

打开点火开关，接通转向信号灯开关，左前转向信号灯不亮，其余灯具正常。

(2) 故障原因分析（见图 3-53）。

根据单输入多输出控制原理，通过故障现象分析可以得出 CAN 总线系统、灯光开关、转向开关均无故障，所以可能的故障原因有：

① 灯泡损坏。

② 线路故障。

③ 控制单元故障。

(3) 故障诊断与排除（见图 3-54）。

首先使用万用表测量左前转向信号灯来电，若来电正常，继续检查搭铁及灯泡故障；若搭铁也正常，说明是灯泡故障，需要进一步测量确认后更换灯泡。

若左前转向信号灯来电异常，则测量 J519 端供电是否正常。若 J519 供电正常，说明两个测量点之间的线路有故障，则可以继续测量导线电阻判定具体故障原因。若测量 J519 供电时发现异常，说明 J519 损坏，需要更换 J519。

（三）任务拓展

(1) 转向信号灯一般应具有一定的频闪，国标中规定 60~120 次 /min。转向信号灯的频闪由闪光器控制。

（2）制动信号灯是与汽车制动系统同步工作的，它由制动信号灯开关控制。

（3）倒车信号装置的作用是提醒车后的行人和汽车驾驶员注意。在夜间，也有一定的照明作用。

（4）电喇叭工作消耗的电流较大，用按钮直接控制时，按钮容易烧坏，故常采用喇叭继电器控制。

（5）请查阅红旗 H9 轿车信号系统电路，绘制转向及危险警告灯电路简图。红旗 H9 电路图见二维码。

红旗 H9 电路图

（6）迈腾 B8L 前雾灯故障案例。

① 故障现象。

打开点火开关，车灯开关打到前照灯挡，开启雾灯开关，左前雾灯不亮。同时仪表灯泡警告灯报警，显示故障信息"请检查左侧雾灯"，如图 3-56 所示。

图 3-56　仪表伴随故障现象

结合故障现象，可以排除哪些故障可能：

因左右两侧共用雾灯开关，所以可以排除雾灯开关及输入信号故障。

② 锁定故障范围。

锁定故障范围在：

a. 雾灯本身故障；

b. J519 到雾灯之间线路故障；

c. J519 本身故障；

d. 编码将雾灯关闭。

③ 用诊断仪读取故障码。

进入 J519，读取故障码信息为"0220A（8714）SAEB121F15 左侧雾灯灯泡，断路/对正极短路"，如图 3-57 所示。

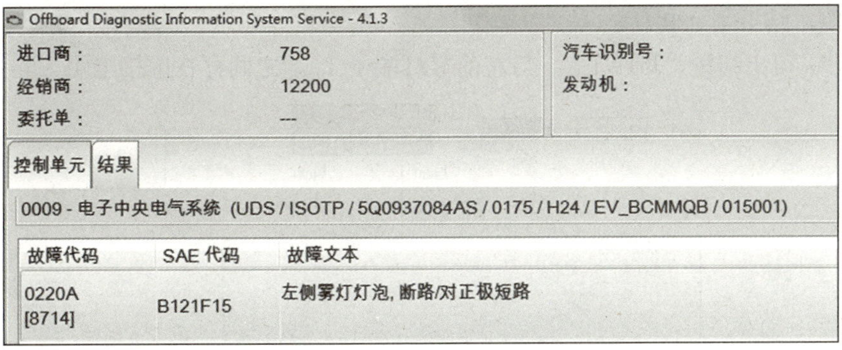

图 3-57　左侧前雾灯不亮故障码

④ 数据流分析。

进入 J519，读取数据流信息，如图 3-58 所示。

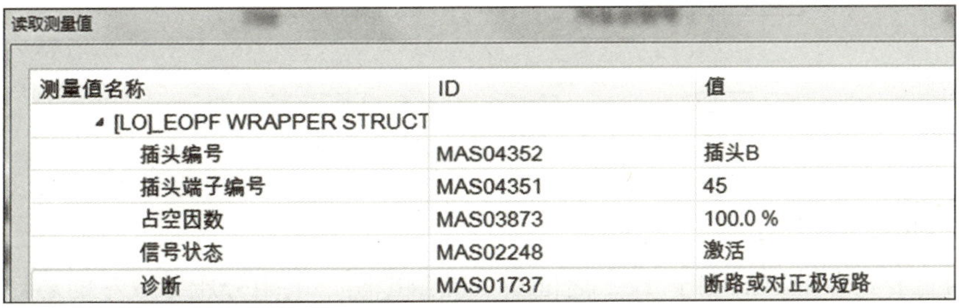

图 3-58　前雾灯数据流

不同工况数据流对比，如表 3-3 所示。

表 3-3　工况数据流

项目	值 （未开雾灯）	值 （开雾灯，故障状态）	值 （开雾灯，正常状态）
插头编号	B	B	B
插头端子号	45	45	45
占空因数	0.0%	100%	100%
信号状态	未激活	激活	激活
诊断	标准	断路/对正极短路	标准

⑤ 信号传递线路简图。

前雾灯信号传递线路简图如图 3-59 所示。

⑥ 现场测量过程。

第一步：用万用表电压挡测量左侧雾灯端子 $T_{2cy/2}$ 与搭铁之间的供电电压，结果是 0 V，说明没有供电成功；

第二步：用万用表电压挡继续测量 J519 $T_{46b/45}$ 与搭铁之间电压，结果是 12 V，说明 J519 供电正常；

第三步：断开 J519 插头 B，用万用表欧姆挡测量 J519 $T_{46b/45}$ 与左前雾灯端子 $T_{2cy/2}$ 之间的电阻值，结果是 980 Ω；

第四步：得出结论，J519 $T_{46b/45}$ 与左前雾灯端子 $T_{2cy/2}$ 之间存在虚接电阻。

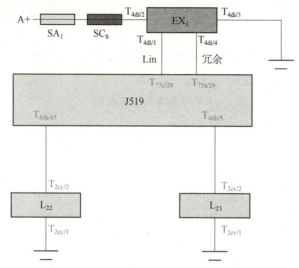

图 3-59 前雾灯信号传递线路简图

⑦ 故障结论。

J519 $T_{46b/45}$ 与左前雾灯端子 $T_{2cy/2}$ 之间有大接触电阻，电阻分压导致左前雾灯不亮。

其他知识：

a. 雾灯为白炽灯，但同 LED 一样没有冷监控功能（电阻值 0.5 Ω）；

b. 车灯开关在 AUTO 挡、小灯挡、大灯挡都可以开启雾灯；

c. 雾灯开关为单触开关，关闭点火开关后需要重新开启开关；

d. 车灯开关在小灯挡，必须开启前雾灯才允许开后雾灯；

e. 前后雾灯均可通过编码功能关闭，具体如图 3-60 所示。

图 3-60 通过编码功能关闭前、后雾灯

三、参考书目

序列	书名，材料名称	说明
1	《汽车电气系统故障诊断与维修》	主编 张军 高等教育出版社
2	捷达电路图、迈腾电路图、BQ电气实训台架	捷达 1984 电路图　　迈腾电路图

任务 3.6　汽车喇叭不工作故障检修

一、任务信息

任务3.6 汽车喇叭不工作故障检修			
任务难度	中级		
学时	4学时	班级	
成绩		日期	
姓名		教师签名	
案例导入	某顾客车辆出现喇叭不响故障，作为维修人员，由你帮助解决这个问题		
能力目标	知识	1. 能够正确认识喇叭的结构和原理。 2. 能够根据喇叭电路分析可能的故障原因。 3. 能够制订排除喇叭不响故障的工作计划	
	技能	1. 能够正确识读喇叭电路图。 2. 能够使用专用诊断设备及工具排除喇叭不响故障	
	素养	1. 能够展示操作成果。 2. 能够以严谨的态度分析可能的故障原因，用规范的测量方法排查故障。 3. 能够与团队成员协作完成任务	

二、任务流程

（一）任务准备

喇叭有哪些类型？安装在什么位置？如何更换？扫描二维码学习。

喇叭类型、安装位置、更换方法

（二）任务实施

任务 3.6.1 喇叭结构认知与工作原理分析，完成以下学习任务

1. 工作表 喇叭结构认知与工作原理分析

（1）喇叭的作用是什么？有哪些分类？
_____
_____

（2）请写出下面喇叭的类型名称。

（3）请在下图中，用带颜色的笔画出盆形电喇叭的工作电路。

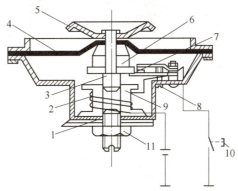

（4）喇叭的工作条件是什么？操作喇叭，观察并写出故障现象。

2. 参考信息

（1）喇叭的作用与分类。

汽车上都装有喇叭，用来警告行人和其他车辆，以引起注意，保证行车安全。喇叭按照发音动力，分为气喇叭和电喇叭。按照外形分为螺旋形、筒形和盆形。按照声音分为高音和低音。目前除少数汽车使用气喇叭外，大多数都使用电喇叭，如图 3-61 所示。现在大多轿车都配备螺旋形或者盆形的高、低音电喇叭，如图 3-62 所示。极低端的车型可能会简配成一个中音喇叭。电喇叭具有接电方便、结构简单、检修容易、声音悦耳等优点。

图 3-61　汽车上安装的电喇叭

图 3-62　高、低音电喇叭
（a）螺旋形喇叭；（b）盆形喇叭

按照国际规定，汽车声音信号装置发出的声响应该均匀，声音频谱在工作时不得有明显变化。人耳最敏感的声音频率为 1 000~5 000 Hz，所以厂家喜欢把汽车喇叭的声能集中在 2 000~4 000 Hz 频段上，并且声能比其他频率高 15~20 dB。该峰值的声响频率与城市道路上主要噪声频率相差甚远，有利于人耳分辨出警告的汽车喇叭声。

喇叭不能做刚性的安装，一般固定在缓冲支架上。安装位置不能太低，还需要注意下雨时防止进水，以免影响喇叭正常工作。

技术良好的喇叭，发音响亮清晰而无沙哑声。喇叭触点应保持清洁且接触良好。目前大多轿车上的电喇叭不可以调整，有故障需要更换总成。带有调整螺钉的电喇叭可以调整音调和音量。

（2）喇叭结构与工作原理。

电喇叭由振动机构和电路断续机构两个部分组成。盆形电喇叭的结构如图 3-63 所示。其工作原理如下：当按下喇叭按钮时，进入喇叭的电流由蓄电池正极→线圈→触点→喇叭按钮→搭铁→蓄电池负极。线圈通电后产生电磁吸力，吸动上铁芯及衔铁下移，使膜片向下拱曲，衔铁下移中将触点顶开，线圈电路被切断，其电磁力消失，上铁芯、衔铁在膜片弹力的作用下回位，触点又闭合。如此反复一通一断，使膜片及共鸣板连续振动辐射发声。

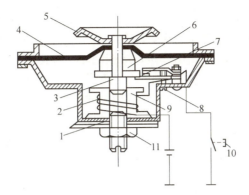

图 3-63 盆形电喇叭的结构

1—下铁芯；2—线圈；3—上铁芯；4—膜片；5—共鸣板；6—衔铁；7—触点；8—调整螺钉；
9—铁芯；10—喇叭按钮；11—锁紧螺母

（3）无触点电喇叭。

有触点电磁振动式电喇叭由于触点易烧蚀、氧化，影响电喇叭的工作可靠性，故障率高，因此，无触点电喇叭应运而生，它是利用晶体管控制电路来激励膜片振动产生声响的。无触点电喇叭主要由多谐振荡电路和功率放大电路组成，图 3-64 所示为其电路图，其工作原理如下：由 V_1、V_2、V_3 和 C_1、C_2 及 $R_1 \sim R_9$ 组成多谐振荡电路。当按下喇叭按钮，电路即通电，由于 V_1 和 V_2 的电路参数总有微小差异，故两个三极管的导通程度不可能完全一致。假设在电路接通瞬间 V_1 先导通，V_1 的集电极电位首先下降，于是，多谐振荡电路通过 C_1、C_2 正反馈电路形成正反馈过程，使 V_1 迅速饱和导通，而 V_2 则迅速截止，V_3 也截止，电路进入暂时稳态。此时，C_1 充电使 V_2 的基极电位升高，当达到 V_2 的导通电压时，V_2 开始导通，V_3 也随之导通。多谐振荡电路又形成正反馈过程，使 V_2 迅速导通，而 V_1 则迅速截止，电路进入新的暂时稳态。这时，C_2 的充电又使 V_1 的基极电位升高，使 V_1 又导通，电路又产生一个正反馈过程，使 V_1 迅速饱和导通，而 V_2、V_3 则迅速截止。如此周而复始，形成振荡。此振荡电流信号经 V_4、V_5 的直流放大，控制喇叭线圈电流的通断，从而使喇叭发出声响。

电路中，电容 C_3 是喇叭的电源滤波，以防其他电路瞬变电压的干扰。VD_2、R_1 为多谐振荡器的稳压电路，使振荡频率稳定。VD_1 用作温度补偿，VD_3 起电源反接保护作用。R_6 可用于调节喇叭的音量。

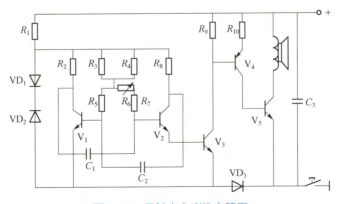

图 3-64 无触点电喇叭电路图

（4）喇叭继电器。

在汽车上常装有两种不同音频的喇叭，有时甚至装有三种不同音频的喇叭。当装用双喇叭时，由于其消耗的电流较大，用按钮直接控制时，按钮容易烧坏，故常采用喇叭继电器控制，其构造与接线方法如图3-65所示。当按下喇叭按钮时，喇叭继电器线圈通电产生电磁力，触点闭合，大电流通过支架、触点臂、触点流到喇叭。由于喇叭继电器线圈的电阻很大，因此通过喇叭按钮的电流很小，故可起到保护按钮作用。

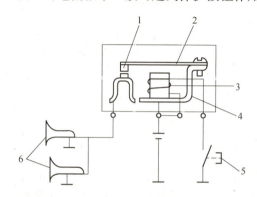

图3-65　喇叭继电器

1—触点；2—触点臂；3—线圈；4—支架；5—喇叭按钮；6—喇叭

任务3.6.2　喇叭电路分析

1. 工作表　喇叭电路分析

（1）1984捷达喇叭电路中有哪些元件？查找电路图写出图中各部分的名称。

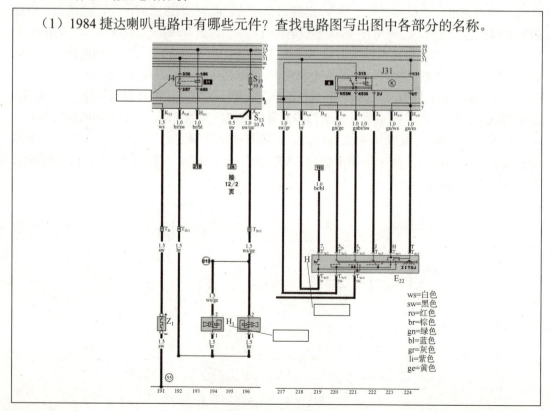

（2）绘制 1984 捷达喇叭电路简图，分析喇叭不响可能的故障原因有哪些。

（3）迈腾 B8L 喇叭电路中主要有哪些部件？查找电路图写出图中各部件名称。

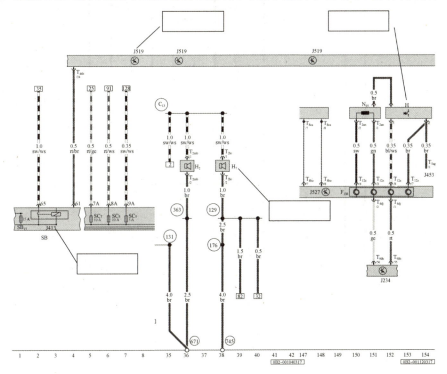

（4）绘制迈腾 B8L 喇叭电路简图，分析喇叭不响可能的故障原因有哪些。

2．参考信息

（1）捷达 1984 喇叭电路识读。

捷达 1984 喇叭电路如图 3-66 所示，主要由喇叭开关、喇叭继电器、高低音喇叭及相关电路组成。喇叭开关控制喇叭继电器线圈搭铁，喇叭继电器触点吸合后控制高低音喇叭搭铁。从电路图中可以看出，喇叭开关和高低音喇叭都是 15 供电，说明需要把点火开关打到 ON 挡，同时按下喇叭按钮，喇叭才能正常工作。

（2）迈腾 B8L 喇叭电路识读。

迈腾 B8L 喇叭电路如图 3-67 所示，主要由喇叭熔断器 SB_{15}，喇叭继电器 J413，高、低音喇叭 H_2、H_7 及相关线路组成。喇叭开关 H 信号给转向柱控制单元 J527，J527 通过总线把信号给 J519，J519 接收到喇叭开关信号以后控制喇叭继电器 J413 线圈搭铁，喇叭继电器触点吸合后给高、低音喇叭供电使喇叭工作。

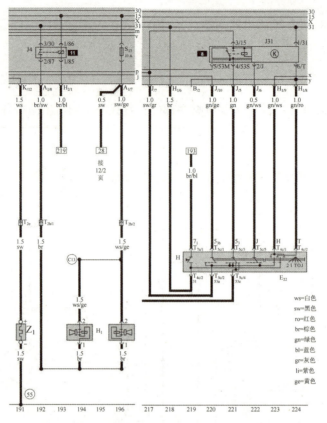

图 3-66 捷达 1984 喇叭电路

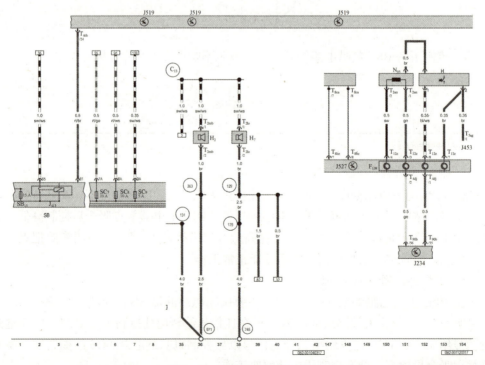

图 3-67 迈腾 B8L 喇叭电路

任务 3.6.3 喇叭不响故障诊断与检修

1. 工作表 喇叭不响故障诊断与检修

（1）针对迈腾 B8L 喇叭不响故障诊断制订工作计划，填写完成下面内容。
① 描述故障现象。

② 初步分析，写出喇叭不响可能的故障原因。

③ 画出案例车型喇叭工作电路简图。

④ 实施测量与诊断，列出测量步骤、测量值及诊断结果。

⑤ 排除喇叭不响故障，给出结论。

（2）列出测量注意事项。

2. 参考信息

捷达 1984 喇叭电路故障诊断计划如下：

（1）故障现象。

按下喇叭开关，喇叭没有任何响声。

（2）故障原因与排除方法。

造成喇叭不响的主要原因：蓄电池无电；从蓄电池到喇叭之间的电路有断路、短路现象；喇叭内部的磁场线圈烧毁；喇叭内部的触点严重烧蚀等。喇叭不响的故障原因与排除方法如表 3-4 所示。

表 3-4 喇叭不响的故障原因与排除方法

故障原因	排除方法
蓄电池无电	对蓄电池补充充电
喇叭电路有断路、短路现象	找出断路、短路处并排除
喇叭内部的磁场线圈烧毁	更换喇叭
喇叭内部的触点严重烧蚀	打磨触点

（3）故障诊断流程。

喇叭不响的诊断流程如图 3-68 所示。

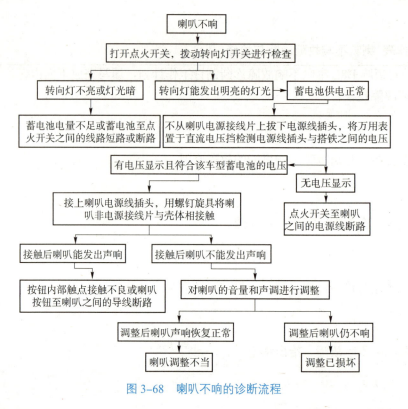

图 3-68 喇叭不响的诊断流程

(4) 故障诊断要点。

检查时，按下喇叭按钮，喇叭不响，打点火开关，拨动转向灯开关，灯光不亮，说明蓄电池无电或电量不足；若蓄电池有电，则应检查蓄电池到喇叭之间的电路，尤其要注意蓄电池桩头、喇叭按钮、喇叭接线柱等部位是否有断路、短路情况；若这些部分无问题，则说明喇叭本身有故障。若是喇叭内部的线圈烧毁，应拆下线圈，记下圈数，用原直径的漆包线重新绕上；若触点烧蚀，则应进行打磨。

① 蓄电池无电或电量不足。

故障排除方法：给蓄电池进行补充充电。

② 喇叭电路有断路、短路现象。若从蓄电池到喇叭之间的电路有断路、短路现象，则没有电流通过喇叭，造成喇叭不响。

故障排除方法：排除喇叭电路断路之处。把测电笔的测头夹子夹在接地体上，另一测头接触到喇叭电路上各接头处，如电路上无断路点，测电笔上的小灯亮。若小灯不亮，说明喇叭电路不通，可能存在断点。依次改变测试地点，就可以找出喇叭电路断路的位置。

③ 喇叭内部的线圈烧毁。若喇叭内部损坏，如喇叭的线圈烧毁，就不能正常工作，造成喇叭不响。

故障排除方法：用万用表（$R \times 1$ 挡）测量喇叭线圈的电阻，如图 3-69（a）所示，若阻值为 ∞，说明喇叭线圈断路，应拆开喇叭进行修理或更换。

用蓄电池对喇叭检查。蓄电池一端与喇叭 1 线端连接，另一端与喇叭 2 线端断续接触，如果发出电火花或有沙哑声音，说明喇叭线圈连接良好；如果没有电火花发出，说明喇叭线圈已经断路。然后将蓄电池引出导线端头断续接触 3 示位置（虚线所示），如果有电火花发出，说明线圈有断路故障；如果没有电火花，说明线圈工作良好，如图 3-69（b）所示。

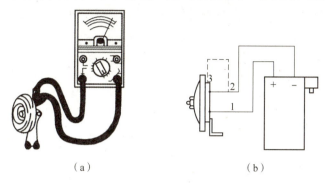

图 3-69　检查喇叭的线圈是否损坏

（a）用万用表检查；（b）用蓄电池直接通电检查

④ 喇叭内部的触点严重烧蚀。若喇叭触点严重烧蚀，黏结在一起，就失去了工作能力，使喇叭不响。

故障排除方法：打磨喇叭触点。用细砂布将喇叭触点磨平，然后，将砂布反转过来，砂面向内，在触点间推拉几次，去除屑末，用布擦净，如图 3-70 所示。

图 3-70　打磨喇叭触点

迈腾 B8L 喇叭电路故障诊断计划如下：

因为电路控制逻辑发生了改变，因此故障诊断方法有别于捷达 1984 车型，可以利用诊断仪的输入、输出检测方法大致判定故障范围，然后再进一步查找故障点并排除故障。

利用诊断仪进入车载电网控制单元 J519，使用诊断仪的执行元件诊断功能，判定喇叭及喇叭电路是否正常。

如果不正常，说明输出电路可能存在故障，需要对输出电路进一步检查；

如果正常，说明输出电路正常，需要进一步判定输入信号是否正常。

对于输入电路，可以利用诊断仪读数据流的方法在 J519 中读取喇叭开关信号，判定输入信号是否正常。如果输入信号不正常，进一步检修；如果输入信号正常，进一步检查控制单元。

针对故障案例进行故障现象确认及初步分析：打开点火开关，观察仪表状态，仪表正常点亮；车内检查人员按压喇叭开关，多个点依次按压。车外人员在发动机舱处检查。喇叭一点声音没有，隐约能听到继电器吸合的声音。用诊断电脑读取喇叭开关信号，显示喇叭开关接通；用诊断电脑操作 J519 执行元件诊断接通喇叭，喇叭无声音，怀疑喇叭输出电路故障，需要进一步测量分析。

利用测量工具对喇叭输出端进行测量分析，如表 3-5 所示。

表 3-5 喇叭输出端测量分析结果

序号	操作项目	检查结果
1	测量检查前，车辆需要处在什么状态？	打开点火开关，一直按压喇叭开关
2	测量喇叭供电，喇叭哪个针脚是供电端？带载测量电压是多少？是否正常？	1号针脚，带载测量0 V，不正常
3	找到喇叭继电器J413，哪个脚是输出端？带载测量电压是多少？是否正常？	87脚，带载测量0 V，不正常
4	喇叭继电器J413，哪个脚是输入端？带载测量电压是多少？是否正常？	30脚，带载测量0 V，不正常
5	找到喇叭熔断器SB_{15}，熔断器两端电位各是多少？是否正常？	0 V，12 V，不正常
6	结论	线路中有短路，导致熔断器断路

测量短路有两种方法：一种是电阻测量法；另一种是电压测量法。两种方法都需要去除线路中的电器元件（喇叭、继电器、熔断器），然后进行测量及分析。

电阻测量法：万用表调到欧姆挡，测量电路中各条线路与蓄电池负极或者搭铁点之间的电阻，测量值应该为无穷大，否则说明测量线路有搭铁故障。

电压测量法：万用表调到电压挡，红表笔接蓄电池正极，黑表笔放在各条线路的测量点上，若测量值为 0 V，说明该线路未搭铁；若测量值为电源电压，说明该线路有搭铁故障。

下面选用电压测量法排除短路故障，如表 3-6 所示。

表 3-6 电压测量法排除短路故障

序号	操作项目	检查结果
1	用电压法测量熔断器到继电器30脚线路是否对地短路	0 V，无对地短路
2	用电压法测量继电器87脚到喇叭1脚线路是否对地短路	0 V，无对地短路
3	插上喇叭继电器J413，按压喇叭开关，用电压法测量继电器87脚到喇叭1脚线路是否对地短路（此步是为了判定继电器内部是否对地短路）	0 V，无对地短路
4	单独测量拔下来的喇叭1、2脚之间的电阻	0 Ω，不正常
5	结论	喇叭短路
6	解决方法	更换故障喇叭，更换损坏的熔断器

通过使用万用表对电路进行测量，分析并排除故障。测量时需要注意正确使用专用万用表，带载测量电路；排除故障后要验证故障是否解决。

（三）任务拓展

（1）请查阅汽车厂家资料和国家汽车相关法律法规，向客户讲解汽车喇叭相关的索赔和三包规定。

（2）喇叭故障案例。

① 故障现象。

按下喇叭按钮，高、低音喇叭信号均无响声。

帕萨特轿车喇叭故障检修

结合故障现象，可以排除哪些故障可能：

因高音 H_2、低音 H_7 喇叭均无响声，故障可能在喇叭开关输入信号电路中，也可能在喇叭输出电路中，需通过故障码和数据流缩小故障范围，并优先查询 H_2、H_7 共用线路。

② 锁定故障范围。

a. 喇叭开关及相关线路故障；

b. 控制单元 J527、J519 故障；

c. 喇叭自身故障；

d. 喇叭继电器 J413 故障；

e. 喇叭供电熔断器故障；

f. 喇叭相关线路故障。

③ 用诊断仪读取故障码。

进入 J519，读取故障码信息为："60809（395273）SAE 134414 信号喇叭启动，断路/对地短路"，如图 3-71 所示。

图 3-71　喇叭不响故障码

④ 数据流分析。

进入 J527，读取喇叭开关数据流，操作喇叭开关时数据流随之正常变化，判定喇叭开关及信号传递线路正常。

⑤ 信号传递线路简图。

喇叭信号传递线路简图如图 3-72 所示。

⑥ 现场测量过程。

基于以上诊断结果，大致判定喇叭开关输入信号无异常，可能故障原因在输出电路，优先测量输出电路。

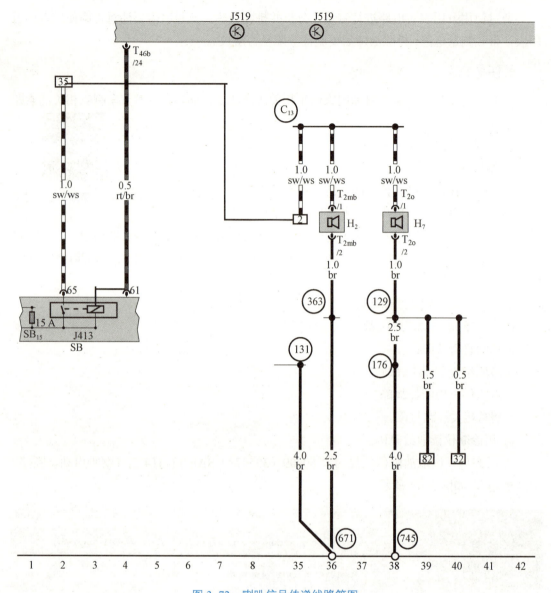

图 3-72 喇叭信号传递线路简图

第一步，本着由易到难的原则，用万用表电压挡测量熔断器 SB_{15} 两端对地电压，结果是 13.9 V，说明熔断器正常。

第二步，按下喇叭开关，测量继电器 J413 的 87 号脚（触点输出端）对地电压，结果是 0 V。测量继电器 J413 的 30 号脚（触点输入端）对地电压，结果是 14.2 V，说明继电器 J413 触点未吸合。

第三步，用万用表电压挡测量 J413 的 85 脚（线图输入端）对地电压，结果为 13.9 V，说明继电器线圈来电正常。

第四步，按下喇叭开关，用万用表电压挡测量 J413 的 86 脚（连接 J519 的线圈输出端）对地电压，结果始终是 13.9 V，说明继电器线圈不能搭铁。

第五步，断开 J519 插头，用万用表欧姆挡测量 J519 的 $T_{46b/24}$ 与继电器 J413 的 86 号脚（连接 J519 的线图输出端）之间电阻值，阻值无穷大，得出结论：J519 $T_{46b/24}$ 与继电器 J413 的 86 号脚（连接 J519 的线图输出端）之间存在断路。

⑦ 故障结论。

J519 $T_{46b/24}$ 与继电器 86 号脚（连接 J519 的线图输出端）之间断路，继电器 J413 线圈不能通电导致触点无法吸合，高、低音喇叭 H_2、H_7 无来电，导致高、低音喇叭不响。

三、参考书目

序列	书名，材料名称	说明
1	《汽车电气系统故障诊断与维修》	主编 张军 高等教育出版社
2	捷达电路图、迈腾电路图、诊断仪、万用表、实训车辆	1984 捷达电路　　迈腾电路

模块四

仪表与警告系统检修

课程任务与能力矩阵

"汽车电器设备检修"学习任务图表

模块名称	任务名称		难度描述
模块一 汽车电源系统检修	任务1.1	蓄电池故障诊断与维修	汽车运用与维修1+X初级/汽车维修工初级
	任务1.2	发电机故障警告灯常亮故障诊断与维修	汽车运用与维修1+X中级/汽车维修工中级
模块二 汽车起动系统检修	任务2.1	起动系统认识	汽车运用与维修1+X初级/汽车维修工初级
	任务2.2	起动系统主电源电路的故障诊断	汽车运用与维修1+X中级/汽车维修工中级
	任务2.3	起动系统控制电路的故障诊断	汽车运用与维修1+X高级/汽车维修工高级
	任务2.4	起动系统信号电路的故障诊断	汽车运用与维修1+X初级/汽车维修工高级
模块三 照明与信号系统检修	任务3.1	灯光认识与操作	汽车运用与维修1+X初级/汽车维修工初级
	任务3.2	汽车前照灯的更换	汽车运用与维修1+X中级/汽车维修工中级
	任务3.3	左前近光灯不亮故障诊断	汽车运用与维修1+X中级/汽车维修工中级
	任务3.4	智能灯光系统故障检修	汽车运用与维修1+X高级/汽车维修工高级
	任务3.5	转向信号灯不亮故障检修	汽车运用与维修1+X中级/汽车维修工中级
	任务3.6	汽车喇叭不工作故障检修	汽车运用与维修1+X高级/汽车维修工高级
模块四 仪表与警告系统检修	任务4.1	仪表与警告系统检修	汽车运用与维修1+X初级/汽车维修工初级
	任务4.2	保养周期复位	汽车运用与维修1+X初级/汽车维修工初级
模块五 风窗清洁系统检修	任务5.1	汽车刮水器的操作与维护	汽车运用与维修1+X初级/汽车维修工初级
	任务5.2	汽车后窗玻璃加热不工作故障检修	汽车运用与维修1+X中级/汽车维修工中级
	任务5.3	汽车刮水器不工作故障检修	汽车运用与维修1+X高级/汽车维修工高级

任务 4.1　仪表与警告系统认识

一、任务信息

任务难度	初级		
学时	6学时	班级	
成绩		日期	
姓名		教师签名	
案例导入	1. 某车主加油至油箱满，起动车辆后发现燃油表指针无动作，请帮助该车主找出可能故障原因。 2. 某车主车辆仪表出现一个油壶形状的红色警告符号，车主不知道什么含义，不知道是否影响车辆安全，该车主希望帮助解释该符号含义、出现原因以及清除故障警告灯方法，怎么帮助车主呢？		
能力目标	知识	1. 掌握仪表和警告系统的组成。 2. 掌握各仪表的结构和原理。 3. 掌握各警告灯的含义	
	技能	1. 能够准确读出各仪表数据。 2. 能够利用专用诊断仪读取仪表各传感器数据。 3. 能够利用专用诊断仪判定仪表是否故障。 4. 能够说出各警告灯含义	
	素养	1. 能够展示操作成果。 2. 能够按照保养手册和维修手册给定流程严谨规范操作。 3. 能够与团队成员协作完成任务	

二、任务流程

（一）任务准备

如果需要认识汽车仪表和警告系统，读取汽车仪表盘上的各个指示仪表数据，并对点亮的各警告灯含义进行正确分析，给予车主以正确的指导，请查看下图二维码进行学习。

汽车仪表和警告系统组成

· 180 ·

（二）任务实施

任务 4.1.1 仪表系统认识

根据能力素质培养要求，通过实训和技能训练完成以下工作任务，填写下列工作表。

1. 工作表 仪表系统认识

（1）进入实训车辆，关闭车门，点火开关保持关闭，记录组合仪表上各仪表数据、指示灯点亮情况以及显示屏中的文本提示信息。

指示仪表				显示屏	警告灯
转速表	车速表	水温表	燃油表		

（2）打开点火开关，观察组合仪表上指针变化和指示灯点亮情况，记录显示屏中的文本提示信息。

指示仪表				显示屏	警告灯
转速表	车速表	水温表	燃油表		

（3）起动发动机，观察组合仪表上指针变化和指示灯点亮情况，记录显示屏中的文本提示信息。

指示仪表				显示屏	警告灯
转速表	车速表	水温表	燃油表		

（4）连接诊断仪，读取实训车辆仪表控制单元下各传感器数据并记录，与仪表显示数值进行比较。
_____
_____

（5）连接诊断仪，通过引导型功能或者控制单元自诊断的方式，对仪表控制单元下各执行器进行动作测试，观察组合仪表变化并记录。
_____
_____

2. 参考信息

（1）汽车仪表的组成与作用。

为了监测发动机的运转状况，使驾驶员随时观察与掌握汽车各系统的工作状态，在驾驶室仪表板上装有各种指示仪表，主要包括机油压力表、水温表、发动机转速表、燃油表、车速表以及各系统警告灯或指示装置等。

一般除要求汽车仪表装置耐用、耐振、指示准确、读数方便、受温度和湿度的影响较小之外，现代汽车仪表装置还应满足环保性、安全性、经济性、智能化、传输显示迅速、信息量大等要求。此外，汽车仪表装置与整车美观度相关，要求其轻巧、舒适、美观并具有较好的互换性。

（2）汽车仪表的分类。

传统的汽车仪表是机械式或电气机械式，通过指针和刻度实现模拟显示。其缺点是：信息量少、准确率低、体积较大、可靠性差、视觉特效不好，还使驾驶员易疲劳。20世纪70年代后，随着半导体技术和显示元器件技术的进步，汽车电子仪表才问世。

现代汽车使用微机驱动的电子仪表系统日益普及，微机驱动的仪表板采用微机处理来自传感器的信息，并推动仪表显示器显示数字化信息。

目前，电子仪表采用电子显示元器件和高压驱动器集成电路等技术，有些则采用全数字集成电路，既提高了测试精度，又可将数字信息输入汽车微机内，实现了车速与里程等参数的数据分析和计算，使汽车具有更多的自控功能。其优点是：测试速度快、指示准确、图形设计灵活、数字清晰、可视性能好、集成度高、可靠性强、功耗低、有着极佳的美化显示形式。

目前，汽车电子仪表系统正向"综合信息系统"的方向发展。这种仪表系统以液晶显示器为基础，车内通信与互联网相连，乘员室内各操纵件通过语音进行控制。系统的主要功能有导航、音响、通信、远程微机通信和信息处理等。

汽车电子仪表还能适应各种传感器或控制系统的电子化，节约有限的车内空间，满足汽车仪表小型化、轻量化的要求。

（3）仪表概况。

图4-1所示为大众品牌轿车某车型仪表板示意图，该车型组合仪表带有显示屏。

图4-1　仪表板上的组合仪表

① 组合仪表里的时钟调整按钮。适用于收音机、导航系统和指针式时钟。

按压按钮 ⊡，进入小时或分钟显示模式。

按压按钮 [0.0 / SET] 调整时间，按住该按钮可快速滚动分钟数。

再按一下按钮 ⊡，结束时钟调整。

② 发动机转速表（显示值 ×1 000 即为发动机实际转速）。

表盘上红色区域的始点为发动机最高允许转速，发动机经正确磨合后并达到工作温度时方可以此最高允许转速运转。指针到达红色区域前应将换挡杆挂入临近高挡或将变速杆移入挡位 D（或松开加速踏板）。

③ 发动机冷却液温度表。

④ 显示器。

⑤ 车速表。

⑥ 燃油表。

⑦ 单程里程记录器复位按钮。

按压 0.0 / SET 按钮即可将单程里程记录器清零。

组合仪表上各个指示仪表受组合仪表控制单元 J285 控制，组合仪表控制单元 J285 通过数据总线诊断接口 J533 和组合仪表 CAN 数据总线，从不同控制单元为显示单元和警告灯获取信息。

此外，以下传感器的外部信号通过分散的导线传输到组合仪表控制单元：

F_1 机油压力开关、F_9 手制动控制开关、F_{34} 制动液液位警告信号触点、G_{17} 车外温度传感器、G_{32} 冷却液不足显示传感器、G_{33} 车窗玻璃清洗液液位传感器、G_{34} 制动摩擦片磨损传感器、G_{266} 机油油位和机油温度传感器、J538 燃油泵控制单元。如图 4-2 所示。

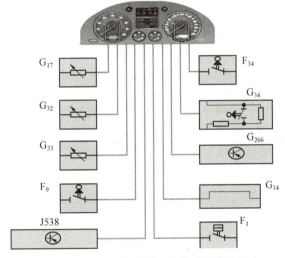

图 4-2　组合仪表控制单元与传感器连接示意

（4）汽车仪表的工作原理。

① 双金属片式机油压力表。

机油压力表用来指示发动机机油压力的大小，以便了解发动机润滑系统工作是否正常。它由装在发动机主油道上的机油压力传感器和仪表板上的机油压力指示表组成。常用的机油压力表有双金属片式、电磁式和动磁式三种。其中以双金属片式机油压力表应用最为广泛。

图 4-3 所示为双金属片式机油压力表的结构图。机油压力表传感器内部装有弹性膜片，膜片下的油腔与发动机主油道相通，机油压力可直接作用在膜片上，膜片的上面顶着弓形弹簧片，弹簧片的一端与外壳固定搭铁，另一端的触点与传感器双金属片端部触点接触，双金属片上绕有电热线圈，校正电阻与传感器双金属片上的线圈并联。

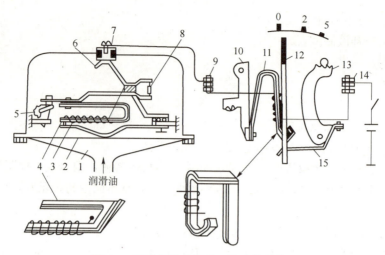

图 4-3　双金属片式机油压力表的结构图

1—油腔；2—弹性膜片；3，15—弹簧片；4—传感器双金属片；5—调节齿轮；6—接触片；7—传感器接线柱；8—校正电阻；9，14—指示表接线柱；10，13—调节齿扇；11—指示表双金属片；12—指针

机油压力指示表内装有特殊形状的指示表双金属片，它的直臂末端固定在调节齿扇上，另一钩形悬臂端部与指针相连，其上也绕有电热线圈，线圈的两头构成指示表的两个接线柱。

当电源开关接通时，电流由蓄电池正极→电源开关→接线柱→指示表双金属片的电热线圈→接线柱→接触片→分两路，一路流经传感器双金属片的电热线圈（另一路流经校正电阻→交感器双金属片）→传感器双金属片的触点→弹簧片→搭铁→蓄电池负极构成回路。由于电流流过传感器双金属片和指示表双金属片上的电热线圈，使双金属片受热变形。双金属片是用两种膨胀系数不同的金属制成的，受热时，膨胀系数大的一面向膨胀系数小的一面弯曲。当电路中有电流通过时，绕在双金属片上的线圈产生热量，造成传感器双金属片受热弯曲，使触点断开，切断电路；而指示表双金属片受热弯曲，使指针偏转，指示机油压力的大小。

当机油压力很低时，弹性膜片几乎没有变形，这时作用在触点上的压力甚小。当电流流过而温度略有上升时，传感器双金属片就受热弯曲，使触点分开，切断电路并停止产生热量，一段时间后，传感器双金属片冷却伸直，触点又闭合，电路又被接通。因此触点闭合时间短，而打开时间长，通过指示表电热线圈的平均电流值小，使指示表双金属片因温度较低而弯曲程度小，指针偏转角度很小，即指示出较低的油压。

当机油压力升高时，弹性膜片向上拱曲增大，加在触点上的压力增大，传感器双金属片需要在较高温度下，即其上电热线圈通过较大电流、较长时间后，才能弯曲，使触点分开，而触点分开后稍加冷却就会很快闭合，因此触点打开时间短，而闭合时间长，通过指示表电热线圈的平均电流值大，指针偏转增大，指示出较高的油压。

为使机油压力的指示值不受外界温度的影响，传感器双金属片制成"⊐"形，其上绕有电热线圈的一边称为工作臂，另一边称为补偿臂。当外界温度变化时，工作臂的附加变形被补偿臂的相应变形所补偿，使指示表的读数不变。在安装传感器时，必须使传感器壳体上的箭头向上，不应偏出 ±30° 位置，这样可保证工作臂位于补偿臂之上，使工作臂产生的热气上升时，不致影响补偿臂，造成读数误差。

② 电磁式水温表。

水温表用来指示发动机内部冷却水温度。它由装在气缸盖水套中的温度传感器和装在仪表板上的水温指示表组成。其型式有双金属片式和电磁式两种。双金属片式水温表的结构和原理与双金属片式机油压力表基本相同，下面主要介绍电磁式水温表。

图 4-4 所示为电磁式水温表的结构原理图。它主要由热敏电阻、传感器和电磁式水温指示表组成。传感器中装有负温度系数热敏电阻，其电阻值会随水温升高而减小。当电源开关接通时，电流由蓄电池正极→电源开关→电阻 R→线圈 L_2→分两路，一路流经热敏电阻 1（另一路流经线圈 L_1）→搭铁→蓄电池负极构成回路。

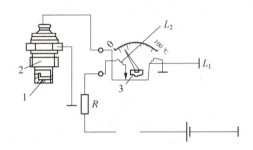

图 4-4　电磁式水温表的结构原理图
1—热敏电阻；2—传感器；3—衔铁

当水温低时，传感器中热敏电阻的阻值大，流经线圈 L_1 与 L_2 的电流相差不多，但由于 L_1 的匝数多，产生的磁场强，带指针的衔铁会向左偏转，使表针指向低温刻度；当水温增高时，热敏电阻阻值减小，分流作用增强，流经 L_1 的电流减小，磁场力减弱，衔铁向右偏转，表针指向高温刻度。

检查电磁式温度传感器和水温指示表时，可拆下传感器上的接线，测量传感器输入端与搭铁之间的电阻，若室温下热敏电阻的阻值为 100 Ω 左右，则表明传感器良好；另用一阻值为 80~100 Ω 的电阻代替传感器直接搭铁，当接通电源时，如果水温指示表的表针指在 60~70 ℃，则表明水温指示表良好。

③ 动磁式燃油表（油量表）。

燃油表用来指示燃油箱内燃油的储存量。它由装在燃油箱内的传感器和装在仪表板上的燃油指示表组成。燃油指示表有电磁式、动磁式和双金属片式，近年来还出现了新型的电子燃油表，传感器均为可变电阻式。由于电磁式和双金属片式指示表的结构与原理与前述仪表基本相同，下面主要介绍动磁式和电子燃油表。

图 4-5 所示为动磁式燃油表的结构原理图，它的两个线圈互相垂直地绕在一个矩形塑料架上，塑料套筒轴承和金属轴穿过交叉线圈，金属轴上装有永久磁铁转子，转子上连有指针。可变电阻式传感器由滑片电阻和浮子组成。

当接通电源开关后，燃油表中的电流回路是：蓄电池正极→电源开关→左线圈→分两路，一路经右线圈（另一路经接线柱→可变电阻→滑片）→搭铁→蓄电池正极。

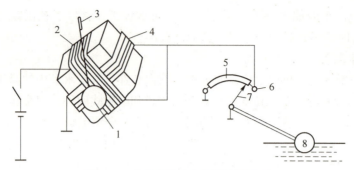

图 4-5 动磁式燃油表的结构原理图

1—永久磁铁转子；2—左线圈；3—指针；4—右线圈；5—可变电阻；6—接线柱；7—滑片；8—浮子

当油箱无油时，浮子下沉，可变电阻上的滑片移至最右端，可变电阻和右线圈均被短路，永久磁铁转子在左线圈磁力作用下向左偏转，带动指针指示油位为"0"。随着油量的增加，浮子上升，可变电阻部分接入，使左线圈中的电流相对减小，右线圈中的电流相对增大，永久磁铁转子在合成磁场作用下转动，使指针向右偏转，指示出与油箱油量相应的标度。

动磁式燃油表的优点是当电源电压波动时，通过左、右两线圈的电流成比例增减，使指示值不受影响；又因为线圈中没有铁芯，所以没有磁滞现象，指示误差小。

④ 电子燃油表。

图 4-6 所示为电子燃油表电路原理图，其传感器仍采用浮子式可变电阻传感器。R_x 是传感器的可变电阻，油箱无油时，其电阻值约为 100 Ω，满油时约为 5 Ω。电阻 R_{15} 和二极管 VD_8 组成稳压电路，其稳定电压作为电路的标准电压，通过 $R_8 \sim R_{14}$ 接到由集成电路 IC_1 和 IC_2 组成的电压比较器的反向输入端；传感器的可变电阻 R_x 由 A 端输出电压信号，经电容器 C 和电阻 R_{16} 组成的缓冲器后，接到电压比较器的同向输入端，电压比较器将此电压信号与反向输入端的标准电压进行比较、放大，然后控制各自对应的发光二极管，以显示油箱内燃油量的多少。

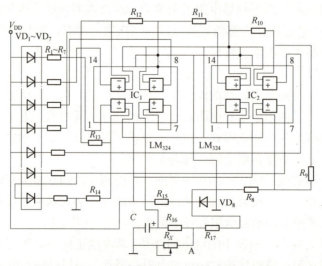

图 4-6 电子燃油表电路原理图

当油箱内燃油加满时，传感器可变电阻 R_x 阻值最小，A 点电位最低，各电压比较器输出为低电平，此时六只绿色发光二极管 VD_2~VD_7 全部点亮，而红色二极管 VD_1 因其正极电位变低而熄灭，这表示油箱已满。随着汽车的运行，油箱内的燃油量逐渐减少，绿色发光二极管按 VD_7、VD_6、VD_5、…、VD_2 依次熄灭。燃油量越少，绿色发光二极管亮的个数越少。当油箱内燃油用完时，R_x 的阻值最大，A 点电位最高，集成块 IC_2 第 5 脚电位高于第 6 脚的标准电位，第 7 脚可输出高电位，此时红色发光二极管亮，其余六只绿色发光二极管全部熄灭，表示燃油量过少，必须给油箱补加燃油。

⑤ 电子温度表、油压表。

汽车电子温度表、油压表电路如图 4-7 所示。该电路具有显示发动机冷却液温度和机油压力两种功能。

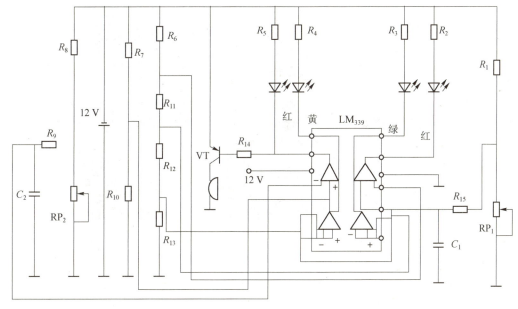

图 4-7　汽车电子温度表、油压表电路

该电路主要由冷却液温度传感器 RP_1 和机油压力传感器 RP_2、集成电路 LM_{339} 和发光二极管显示器等组成。传感器 RP_1 和 RP_2 均采用双金属片式。冷却液温度传感器 RP_1 安装在发动机冷却水套上，与电阻 R_8 串联组成冷却液温度测量电路。机油压力传感器 RP_2 安装在发动机主油道上，与电阻 R_8 串联组成机油压力测量电路。其工作情况如下：

a. 温度显示。温度表按 40 ℃、85 ℃ 和 95 ℃ 三种温度设置发光显示和仪表刻度。通过冷却液温度传感器 RP_1 的检测，以冷却液温度 40 ℃ 为安全起始温度。提请注意信号，用黄色发光二极管来显示；冷却液温度 85 ℃ 为发动机正常工作温度信号，用绿色发光二极管来显示；冷却液温度 95 ℃ 为发动机工作温度上限信号，用红色发光二极管来显示，以示警告。与此同时，由晶体管 VT 所控制的蜂鸣器也发出报警声响信号。

b. 油压显示。油压表按油压过低、油压正常和油压过高三种状态，设置发光显示和仪表刻度。当油压过低（低于 68.6 kPa）时，油压传感器产生的脉冲信号频率最低，约为 5~20 次/min，此时用红色发光二极管显示；与此同时，蜂鸣器发出报警声响信号。当油压正常时，用绿色发光二极管显示，以表示发动机润滑系统油压正常。当油压过高时，油压传感器产生的脉冲信号频率高，为 100~120 次/min，此时用黄色发光二极管显示，以防润滑系统损坏。

任务 4.1.2 警告系统认识

根据能力素质培养要求，通过实训和技能训练完成以下工作任务，填写下列工作表。

1. 工作表 警告系统认识

（1）写出下列各个警告灯的名称和作用。

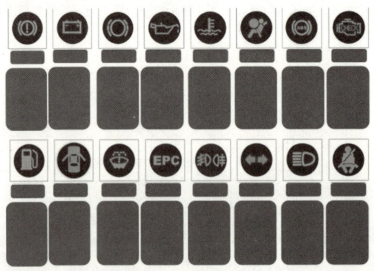

（2）通过多功能方向盘按钮或者刮水器操纵杆上的按钮，读取多功能显示器（MFD）数据。

选项	数据值
Driving Time（行驶时间）	
Current Fuel Consumption（当前油耗）	
Average Fuel Consumption（平均油耗）	
Range（续驶里程）	
Distance（行驶里程）	
Average Speed（平均车速）	
Digital Speed Display（数字式车速）	
Digital Oil Temperature Display（机油温度）	
Speed Warning—km/h（车速警告—km/h）	

2. 参考信息

（1）汽车警告/指示灯含义。

警告/指示灯用于对轿车状态发出警告，提示轿车存在故障，或指示轿车各种功能。打开点火开关时某些警告/指示灯将点亮，一旦发动机开始运转或轿车开始行驶，警告/指示灯应熄灭。

根据轿车配置，组合仪表显示器还可能显示相关文本信息，具体说明轿车所处状态或要求驾驶员执行某些操作。根据轿车配置，组合仪表可能显示符号，而非警告灯或指示灯。某些警告灯或指示灯点亮时系统还可能发出报警声响信号。

图 4-8 所示为大众品牌汽车某车型组合仪表，其中各警告/指示灯及其含义如表 4-1 所示。

图 4-8　大众品牌汽车某车型组合仪表

表 4-1　汽车警告/指示灯及其含义

序号	警告灯符号	颜色	含义
1		红色	切勿继续行驶，立即停车！ 电子驻车制动器处于打开状态，制动液液位过低或制动系统发生故障
2		红色	不得继续行驶！ 发动机冷却系统存在故障
3		红色	切勿继续行驶，立即停车！ 发动机机油压力过低
4		红色	切勿继续行驶，立即停车！ 至少一个车门处于打开状态或未正确关闭
5		红色	切勿继续行驶，立即停车！ 发动机舱盖处于打开状态或未正确关闭
6		红色	切勿继续行驶，立即停车！ 后备厢盖处于打开状态或未正确关闭
7		红色	切勿继续行驶，立即停车！ 转向机构存在故障
8		红色	施加制动！预碰撞安全系统（Front Assist）发出撞车警报
9		红色	驾驶员或前排乘员未系安全带
10		红色	发电机发生故障
11		红色	DSG 双离合器变速箱过热
12		黄色	点亮：ESP 发生故障或因系统原因关闭
13		黄色	闪亮：ESP/TCS 处于正常工作状态
14		黄色	ABS 发生故障或工作不正常

续表

序号	警告灯符号	颜色	含义
15		黄色	电子驻车制动器存在故障
16		黄色	后雾灯处于打开状态
17		黄色	前雾灯处于打开状态
18		黄色	点亮：轿车照明系统部分或全部不工作
19		黄色	催化转化器存在故障
20	EPC	黄色	发动机管理系统存在故障
21		黄色	转向机构存在故障
22		黄色	轮胎监控系统存在故障或轮胎气压偏低
23		黄色	风窗清洗液液位过低
24		黄色	燃油箱内几乎无燃油
25		黄色	闪亮：发动机润滑系统存在故障
26		黄色	点亮：发动机机油油位过低
27		黄色	安全气囊和安全带张紧系统存在故障
28		黄色	预碰撞安全系统存在故障，未进入工作状态
29		绿色	一侧亮起，则打开左侧或右侧转向信号灯；两侧同时亮起，危险警告灯处于打开状态
30		绿色	施加脚制动
31		绿色	巡航控制系统正在控制车速
32		绿色	自适应巡航系统（ACC）处于打开状态
33		绿色	预碰撞安全系统处于打开状态并处于激活状态
34		蓝色	前照灯远光处于打开状态或正在操控前照灯闪光器
35			保养周期显示器

（2）显示器显示类型和显示项。

显示器显示类型和显示项因组合仪表的配置不同而不同，图4-9和图4-10所示为大众速腾显示屏所示车辆状态，对于无警告或信息文本显示的显示器仅以警告/指示灯指示故障。

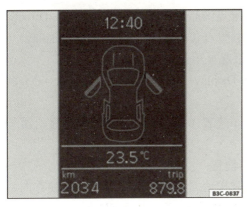

图4-9 显示屏显示前车门处于打开状态

图4-10 显示屏上显示的警告符号和警告文本

图4-11、图4-12、图4-13所示分别为大众迈腾三种不同配置的组合仪表,其中Y24显示单元的显示区域划分成3个型号,即Lowline型、Midline型和Highline型。

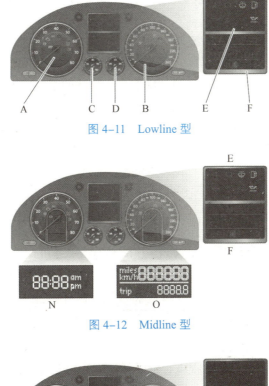

图4-11 Lowline型

图4-12 Midline型

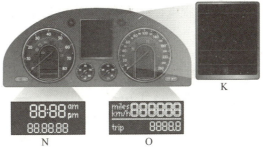

图4-13 Highline型

Lowline 型有 8 个 LED 指示灯（E）和 1 个准点液晶显示器（Quasi-Dot-LCD）（F）。

Midline 型有 8 个 LED 指示灯（E）、1 个小型点位显示器（Mini-Dot-Display）（F）和 1 个在车速表（O）和转速表（N）中的准点液晶显示器。

Highline 型有 1 个点阵显示器（Dot-Matrix-Display）（K）和 1 个在车速表（O）和转速表（N）中的准点液晶显示器。

所有型号都有标准装备：转速表（A）G5，车速表（B）G21，冷却液温度显示器（C）G3，燃油储备显示器（D）G1。

根据轿车配置，组合仪表显示器可显示下列信息：

车门开启警告符号、警告和信息文本、行驶里程、时间、车外温度、行驶方向、变速杆位置、多功能显示器（MFD）和设定菜单、保养周期、第二种车速（Settings（设置））菜单。

① 车门开启警告符号。

若车门、后备厢盖或发动机舱盖处于打开状态，显示屏将显示车门开启警告符号。若所有车门、后备厢盖和发动机舱盖均已关闭，关闭驾驶员侧车门数秒钟后警告符号自动消失。

② 警告和信息文本。

打开点火开关或轿车行驶时系统持续检查轿车的某些部件和功能。一旦轿车发生功能故障，组合仪表显示器显示红色或黄色警告符号，以及警告和信息文本，某些情况下还可能发出声响警告（见表 4-2）。显示器显示项取决于配备的组合仪表类型。

表 4-2 警告和信息文本

信息类型	符号颜色	说明
1 级警告	红色	符号闪亮或点亮，有时伴有声响警告。 切勿继续行驶，立即停车！ 应检查功能和排除故障
2 级警告	黄色	符号闪亮或点亮，有时伴有声响警告。 如轿车存在功能故障或车用油液不足，可能损坏轿车或因故障抛锚，应尽快检查故障原因，检修轿车
信息文本	—	轿车故障处理方法的相关信息

③ 行驶里程显示项。

里程表记录轿车已行驶总里程。

单程里程记录器显示自上次单程里程记录器清零后轿车行驶的距离。单程里程记录器显示的最后一位数代表 100 m。

④ 车外温度显示项。

如车外温度低于 4 ℃（39 ℉），显示器显示"雪花符号"（薄冰警告）。"雪花符号"将闪亮，然后持续点亮至车外温度升至 6 ℃（43 ℉）。

如轿车处于静止状态或以低速行驶，则因发动机的热辐射，温度显示值可能略高于实际车外温度。

温度显示范围为 -40 ℃（-40 ℉）至 50 ℃（122 ℉）。

⑤ 变速杆位置显示项。

选定的变速杆位置显示在变速杆旁和组合仪表显示器上，如变速杆处于位置 D 和 S 或 Tiptronic 手动换挡槽板内，显示器显示选定的速挡。

⑥ 第二种车速表（km/h）显示项。

除指针式车速表外，轿车行驶时还可用另一种度量单位显示车速。在 Settings（设置）菜单里选择 Second Speed（第二种车速）菜单项。

某些国家法律规定不允许关闭第二种车速表。

（3）MFD（多功能显示器）菜单及其切换方法。

① 存储器类型及切换。

多功能显示器（MFD）配有两种存储器：1- 单程里程存储器和 2- 累计里程存储器，当前存储器的号码显示在显示器的右上角，如表 4-3 所示。

打开点火开关时显示器显示 1 号或 2 号存储器，按压图 4-15 和图 4-16 所示 OK 按钮即可在两个存储器之间进行切换。

表 4-3　多功能显示器的两种存储器

1	单程里程存储器	该存储器收集自打开点火开关至关闭点火开关一段时间内轿车的行驶及油耗数据。若中断行驶时间超过两个小时，系统自动将存储在该存储器里的数据删除；若关闭点火开关后两小时内继续行驶，则系统将新的行驶数据累计存储到单程里程存储器里
2	累计里程存储器	该存储器收集任意多次单程里程行驶数据。储存的行驶数据达 99 h或 9 999 km 时，系统自动删除存储在该存储器里的行驶数据

多功能显示器（MFD）可能显示的行驶数据如表 4-4 所示。

表 4-4　MFD 可能显示的行驶数据

菜单名称	功能
Driving Time（行驶时间）	显示自打开点火开关后的已行驶时间（h和min）
Current Fuel Consumption（当前油耗）	轿车行驶时以 l/100 km 为单位显示当前油耗；发动机运转，轿车处于停止状态时以 L/h 显示当前油耗
Average Fuel Consumption（平均油耗）	轿车起步行驶约 100 m 后开始显示平均油耗，在此之前显示器仅显示短线。显示的数据约5 s更新一次
Range（续驶里程）	系统根据燃油箱里的燃油油位及轿车当前的行驶状态计算并显示剩余燃油可行驶里程数，计算该里程数的主要依据是当前油耗
Distance（行驶里程）	以 km 为单位显示自打开点火开关后轿车已行驶距离
Average Speed（平均车速）	轿车起步行驶约 100 m 后开始显示平均车速，在此之前显示器仅显示短线。显示的数据约5 s更新一次
Digital Speed Display（数字式车速）	以数字形式显示当前车速
Digital Oil Temperature Display（机油温度）	以数字形式显示当前机油温度
Speed Warning——km/h（车速警告—— km/h）	若行驶车速超过省油车速 30 km/h 至 250 km/h，系统将发出声响警告，必要时还可能发出视觉警告

② MFD 功能操作。

不配备多功能方向盘的轿车：风窗刮水器操纵杆上的按钮 Ⓑ 用于切换菜单，翘板开关 Ⓐ 用于确认所选菜单项。（见图 4-14）

配备多功能方向盘的车辆，其组合仪表菜单操作元件位于多功能方向盘右侧（见图 4-15）。

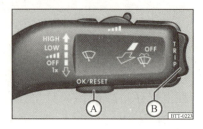

图 4-14　风窗刮水器操纵杆上的 MFD 按钮

图 4-15　多功能方向盘上的 MFD 按钮

切换显示项：

不配备多功能方向盘的轿车：按压风窗刮水器操纵杆上的翘板开关上下端。

配备多功能方向盘的轿车：按压 △ 或 ▽ 按钮。

存储报警车速：

选择 Speed Warning—km/h（车速警告—km/h）显示项；

按压 OK 按钮即可将当前车速作为警告车速储存在系统里并激活警告系统。

必要时可用风窗刮水器上的翘板开关或多功能方向盘上的 △ 或 ▽ 按钮在 5 s 内设定所需警告车速。然后再次按压 OK 按钮或等数秒钟，警告车速即被存储在系统里并激活警告。

如欲关闭车速警告，按压 OK 按钮即可，同时删除存储的警告车速。

删除 1 号或 2 号存储器里的数据：

选择需删除数据的存储器；

按住 OK 按钮约 2 s 即可删除选定存储器里的数据。

（三）任务拓展

Active Info Display（主动式信息显示屏 AID）组合仪表见图 4-16。

图 4-16　主动式信息显示屏 AID

迈腾 B8 全新的主动式信息显示屏（AID）首次以纯虚拟图像形式显示模拟的指针式仪表。出于对当前显示的驾驶员信息的个性化设计考虑，在车速表和转速表中间区域，可能会额外显示驾驶导航和辅助功能的数据。

下述位于显示屏上方的安全相关指示灯,依然作为固定显示元件单独运行,包括转向信号灯、涉及废气排放故障的警告灯、柴油发动机预热指示灯、防抱死制动系统指示灯、中央指示灯(注意显示的提示文本)、电控机械式助力转向系统故障警告灯、制动器故障警告灯和电控机械式驻车制动器警告灯。

其功能和特征如下:

(1) 12.3″ TFT 显示屏,分辨率为 1 440 像素 ×540 像素;

(2) 具备所有基本功能;

(3) 可选择不同的显示方式;

(4) 根据启用的功能自动切换显示;

(5) 可显示 2D 和 3D 图形;

(6) 导航和媒体显示。

对于使用组合仪表 Active Info Display 的车辆,采用光纤技术的 MOST 连接用于快速传输多媒体数据,主要包括图像、视频和音频数据。借助光波的数据传输,其速率可达 150 Mbit/s。光学 MOST 数据总线可实现下述组件之间的数据交换:组合仪表控制单元 J285、数字式音响套件控制单元 J525、数字式电视机调谐器 R_{171} 和信息娱乐系统电子装置控制单元 J794。信息娱乐系统电子装置控制单元 J794 是 MOST 总线环的主控制单元。组合仪表控制单元 J285 集成有防盗锁止系统控制单元 J362,通过舒适系统 CAN 数据总线与网关 J533 进行信息交换。

三、参考书目

序列	书名,材料名称	说明
1	《汽车电气系统故障诊断与维修》	主编 张军 高等教育出版社
2	迈腾保养手册、迈腾使用说明书、大众车辆专用诊断仪	

任务 4.2　保养周期复位

一、任务信息

任务难度	中级		
学时	2学时	班级	
成绩		日期	
姓名		教师签名	
案例导入	某顾客在车辆完成保养之后，发现车辆点火开关打开后，有警告声，组合仪表显示扳手符号 数秒钟，且显示器有信息文本提示：Service Now（立即保养），请为该顾客分析该问题原因并予以解决		
能力目标	知识	掌握车辆的保养周期规定	
	技能	1. 能够借助专用诊断仪进行保养周期复位。 2. 能够不借助专用诊断仪进行保养周期复位。 3. 能够就车查阅保养相关数据	
	素养	1. 能够展示操作成果。 2. 能够按照保养手册和维修手册给定流程严谨规范操作	

二、任务流程

（一）任务准备

如果需要对保养周期进行正确认识，并通过借用诊断仪和手动复位两种方式进行保养周期复位，请查看下图二维码进行学习。

（二）任务实施

根据能力素质培养要求，通过实训和技能训练完成以下工作任务，填写下列工作表。

汽车保养周期复位方法

1. 工作表 保养周期复位

（1）车辆保养周期是怎么规定的？

（2）通过诊断仪，查询车辆的保养信息。

（3）查询保养手册，分别制定借助车辆诊断仪进行保养周期复位的方案并开展实训操作。

（4）制定不借助车辆诊断仪进行保养周期复位的方案并开展实训操作。

2. 参考信息

（1）保养周期提示信息。

若车辆下次规定保养即将到期，打开点火开关时显示器显示保养提示信息。

对于无文本信息显示的轿车，其组合仪表显示器显示一扳手符号 🔧 及字母 km。显示的千米数相当于距下次规定保养可行驶的最长距离。数秒钟后显示器切换显示内容，显示一时钟符号及距下次规定保养的天数。

有文本信息显示的轿车，其组合仪表显示器显示字符 Service in-km or-days（距离下次保养 –km 或 – 天）。

若某次规定保养到期，打开点火开关时系统将发出声响信号，显示器显示扳手符号 🔧 数秒钟。有文本信息显示的轿车，其组合仪表显示器显示字母 Service Now（立即保养）。

（2）调出保养提示信息。

打开点火开关时，发动机不运转时或轿车处于静止状态时均可调出当前的保养提示信息。按压组合仪表里的按钮 🔘 直至显示器显示扳手符号 🔧，或选择 Settings（设置）菜单。在 Service（保养）子菜单里选择 Info（信息）菜单项。

到期未做的保养以带负号的里程或里程读数表示。有文本信息显示的轿车，其组合仪表显示器显示字符 Service Since-km or-days（距离下次保养 –km 或 – 天）。

(3) 保养周期显示项清零（保养周期复位）。

若某次规定保养到期后未由该车特许经销商实施保养，则可按下述方法将保养周期显示项清零，即进行保养周期复位操作。

有文本信息显示的轿车：

选择 Settings（设置）菜单。

在 Service（保养）子菜单里选择 Reset（重置）菜单项。

按压 [OK] 键确认。

无文本信息显示的轿车：

关闭点火开关。

按住 [0.0 / SET] 按钮。

打开点火开关。

松开 [0.0 / SET] 按钮，并在 20 s 里按压 [⇨] 按钮。

两次规定保养之间切勿将保养周期显示项清零，否则，系统将显示错误信息。

发动机一旦开始运转或按压 [OK] 按钮，保养提示信息即隐去。

(4) 保养周期复位操作举例。

同一品牌车型，其借助车辆诊断测试器进行保养周期复位操作方法基本相同。对于不同车型，因配置不同，其组合仪表结构会有所差异，导致其不借助车辆诊断测试器进行保养周期复位操作方法会有所不同。

① 用车辆诊断测试器复位保养周期显示。

a. 选择 ODIS 服务。

b. 连接车辆诊断测试器。

c. 打开点火开关。

d. 进行车辆识别。

e. 输入委托单数据或选择"无任务"。

f. 选择"控制单元"。

g. 选择"组合仪表"。

h. 选择"引导型功能"。

i. 选择应复位的相应保养项目。

j. 根据"引导型功能"的说明进行匹配。

② 不使用车辆诊断测试器复位保养周期显示。

a. 复位机油更换保养。

如图 4-17 所示，用组合仪表上的操作键：点火开关关闭时按住按键 1，打开点火开关，直至显示屏上显示"是否复位机油更换保养？"松开按键 1。

保养周期显示现在处于复位模式。短促按一次按键 1，若干秒后恢复正常视图。

b. 复位常规保养。

点火开关关闭时按住按键 1，打开点火开关。直至显示屏上显示"是否复位常规保养？"松开按键 1。保养周期显示现在处于复位模式，短促按一次按键 1。若干秒后恢复正常视图。

图 4-17　大众迈腾 B8 组合仪表

c.通过多功能方向盘上的按键进行保养周期指示器复位。

如图 4-18 所示，打开点火开关，按下按键 5，直至出现"设置"菜单。按下按键 6，选择菜单项。按下按键 5，确认"保养日志"选项。通过按键 6，选择菜单项"重设"。按下按键 5，出现菜单"确定要重设保养日志"。按下按键 5，重设保养日志。通过按键 6，选择"返回"菜单。关闭点火开关。无须注意位置 1，2，3，4。

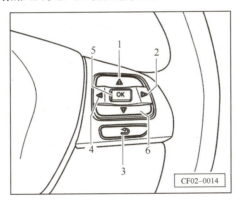

图 4-18　大众迈腾 B7 通过多功能方向盘进行保养复位

通过组合仪表上的操作按键进行保养显示周期复位，在点火开关关闭的情况下按下按键 3 打开点火开关，如图 4-19 所示。

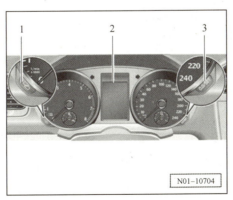

图 4-19　大众迈腾 B7 通过组合仪表按钮进行保养复位

松开按键 3，按下时钟停止键 1 一次。

（三）任务拓展

请查阅汽车厂家资料和国家汽车相关法律法规，向客户讲解车辆保养相关规定，以迈腾 B7L 为例。

1. 换油保养

提示：如果在保养时发现故障，必须排除故障并告知客户。

询问客户是否需要新的刮水器片。

添加 G052164 型挡风玻璃清洗液（清洁剂和防冻剂）。

检查急救箱的有效期截止日是否已过。

拆卸和安装发动机舱下部隔声垫。

维修各部位的操作顺序已经过检验和优化，因此为避免不必要的作业中断，必须遵守该顺序。换油保养顺序如表 4-5 所示。

表 4-5　换油保养顺序

序号	作业范围
1	发动机机油：排出或吸出，更换机油滤清器
2	前、后制动器摩擦片的厚度：检查
3	发动机机油：添加；注意机油规格
4	保养周期指示器：复位
5	将下次保养项目填写在保养贴签上并贴在驾驶员侧的车门立柱（B柱）上

以大众汽车在行驶距离为 10 000 km 或一年定期保养为例予以说明。

维修各部位的操作顺序已经过检验和优化。因此，为避免不必要的作业中断，必须遵守该顺序，如表 4-6 所示。

表 4-6　定期保养工作

序号	作业范围
1	查询自诊断系统故障存储器
2	目测检查发动机及机舱内的其他部件是否有滑漏或损坏（从上面）
3	检查蓄电池固定情况，电眼颜色（免维护蓄电池无电眼，检查蓄电池电压）
4	检查制动液液位，必要时添加
5	检查风窗清洗液液面高度，必要时添加清洗液
6	检查冷却液液面高度及浓度(防冻能力)，如必要，添加冷却液或调整浓度
7	更换发动机机油及机油滤清器
8	检查前、后制动摩擦片厚度
9	检查所有轮胎（包括备胎）的花纹深度、磨损形态，清除轮胎上的异物
10	目测检查车身底部防护层和底饰板是否破损
11	目测检查制动系统是否有泄漏和损坏

续表

序号	作业范围
12	目测检查变速箱、主减速器及等速万向节防护套有无渗漏或损坏（从下面）
13	检查转向横拉杆球头的间隙、紧固程度及防尘套状况
14	检查喷油嘴状态，必要时采取相应维修保养措施
15	进行轮胎换位，按要求检查轮胎气压，必要时校正，检查车轮螺栓拧紧力矩
16	润滑车门开度限位器
17	加注燃油添加剂G17
18	检查安全气囊和安全带状态及安全气囊罩壳是否损坏
19	检查车内所有开关、车内照明、杂物箱照明、用电器、显示器和仪表各警告灯的功能
20	检查滑动天窗功能，清洗导轨并用专用润滑脂润滑
21	检查车外前部、后部、后备厢照明灯等所有灯光状态和闪烁警告装置、静态弯道行车灯、自动行车灯控制功能
22	检查风窗刮水器、清洗器及大灯清洗装置功能，如必要，调整喷嘴
23	检查火花塞状态，必要时采取相应维修保养措施
24	清洗空气滤清器壳体，检查滤芯状态，必要时采取相应维修保养措施
25	清洗粉尘及花粉过滤器：清洗外壳，检查滤芯状态，必要时采取相应维修保养措施
26	检查DSG-6挡直接换挡变速箱齿轮油油位，如必要，添加DSG变速箱油
27	检查排气系统是否有泄漏或损坏及紧固程度
28	检查前照灯光束，如必要，调整前照灯光束
29	保养周期指示器复位

2．与时间和/或行驶里程相关的附加工作

除周期性保养或周期性保养检查之外，还要根据使用条件和车辆配置进行其他的维护工作。考虑保养手册上的记录（或贴签上的下次保养的记录），也可在保养周期之外进行附加保养作业，如表4-7所示。

表4-7　与时间和里程相关的附加保养工作

序号	时间或里程条件	附加工作
1	首次20 000 km或2年之后每20 000 km或每2年	更换火花塞
2		更换空气滤清器滤芯，清洗壳体
3	首次30 000 km或2年之后每30 000 km或每2年	清洗粉尘及花粉过滤器：清洗外壳，更换滤芯
4		检查多楔皮带的状态，必要时更换
5	首次60 000 km或4年之后每60 000 km或每4年	更换燃油滤清器
6		检查DSG-7挡直接换挡变速器齿轮油油质，必要时更换齿轮油
7		更换DSG-6挡直接换挡变速器齿轮油和滤清器
8		对带气体放电灯泡的前照灯（氙灯）进行基本设置
9	每24个月	更换制动液

三、参考书目

序列	书名，材料名称	说明
1	《汽车电气系统故障诊断与维修》	主编 张军 高等教育出版社
2	迈腾保养手册、迈腾使用说明书、大众车辆专用诊断仪	

模 块 五

风窗清洁系统检修

课程任务与能力矩阵

"汽车电器设备检修"学习任务图表

模块名称	任务名称		难度描述
模块一 汽车电源系统检修	任务1.1	蓄电池故障诊断与维修	汽车运用与维修1+X初级/汽车维修工初级
	任务1.2	发电机故障警告灯常亮故障诊断与维修	汽车运用与维修1+X中级/汽车维修工中级
模块二 汽车起动系统检修	任务2.1	起动系统认识	汽车运用与维修1+X初级/汽车维修工初级
	任务2.2	起动系统主电源电路的故障诊断	汽车运用与维修1+X中级/汽车维修工中级
	任务2.3	起动系统控制电路的故障诊断	汽车运用与维修1+X高级/汽车维修工高级
	任务2.4	起动系统信号电路的故障诊断	汽车运用与维修1+X高级/汽车维修工高级
模块三 照明与信号系统检修	任务3.1	灯光认识与操作	汽车运用与维修1+X初级/汽车维修工初级
	任务3.2	汽车前照灯的更换	汽车运用与维修1+X中级/汽车维修工中级
	任务3.3	左前近光灯不亮故障诊断	汽车运用与维修1+X中级/汽车维修工中级
	任务3.4	智能灯光系统故障检修	汽车运用与维修1+X高级/汽车维修工高级
	任务3.5	转向信号灯不亮故障检修	汽车运用与维修1+X中级/汽车维修工中级
	任务3.6	汽车喇叭不工作故障检修	汽车运用与维修1+X高级/汽车维修工高级
模块四 仪表与警告系统检修	任务4.1	仪表与警告系统检修	汽车运用与维修1+X初级/汽车维修工初级
	任务4.2	保养周期复位	汽车运用与维修1+X初级/汽车维修工初级
模块五 风窗清洁系统检修	任务5.1	汽车刮水器的操作与维护	汽车运用与维修1+X初级/汽车维修工初级
	任务5.2	汽车后窗玻璃加热不工作故障检修	汽车运用与维修1+X中级/汽车维修工中级
	任务5.3	汽车刮水器不工作故障检修	汽车运用与维修1+X高级/汽车维修工高级

任务 5.1　汽车刮水器的操作与维护

一、任务信息

任务5.1 汽车刮水器的操作与维护			
任务难度	初级		
学时	4学时	班级	
成绩		日期	
姓名		教师签名	
案例导入	1. 雨天行驶，雨量大时刮水器动作频率低，看不清路面。经过检查发现是客户对于刮水器开关功能认识不全，挡位操作不合适导致，需要为客户讲解刮水器开关挡位功能。 2. 刮水器清洁效果不好，需要更换刮水器片。 3. 雨中驾车行驶，突然刮水器失效，停止在风挡玻璃视野中间位置。经过检查发现刮水器电机故障，需要更换刮水器电机。 作为维修技师，请你帮助客户解决以上问题		
能力目标	知识	1. 能够正确认识刮水器开关挡位功能。 2. 能够识读车辆保养手册，制订更换刮水器片工作计划。 3. 能够识读车辆维修手册，制订更换刮水器传动装置工作计划	
	技能	1. 能够正确操作使用刮水器开关。 2. 能够更换刮水器片。 3. 能够更换刮水器传动装置	
	素养	1. 能够展示操作成果。 2. 能够按照保养手册和维修手册给定流程严谨规范操作。 3. 能够与团队成员协作完成任务	

二、任务流程

（一）任务准备

　　进行汽车刮水器的操作与维护时最常见的操作就是更换刮水器片，需要做哪些准备工作？需要准备哪些工具？具体的操作步骤有哪些？请查看下图二维码进行学习。

刮水器的结构和控制

更换刮水器片

（二）任务实施

任务 5.1.1 认识刮水器开关挡位功能

1. 工作表 刮水器开关挡位功能认识

（1）请在相应蓝色框内分别标出前风挡和后风挡玻璃刮水器开关，写出刮水器开关各个挡位功能。

请说明黄色框开关功能：_____

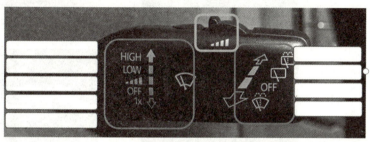

（2）点火开关处于 ON 和 OFF 两种情况下分别操作刮水器开关，总结说明刮水器工作条件。

（3）哪些情况可能导致雨量大时刮水器动作频率低？

2. 参考信息

风窗刮水系统是汽车的标准配置，作用是清除风窗玻璃上的雨水、雪或尘土等，以确保驾驶员有良好的视野。汽车都配备有前部风窗刮水系统，有的车型还配备了后部风窗刮水系统。因驱动装置的不同，刮水器有真空式、气动式和电动式三种。目前汽车上广泛使用的是电动式刮水器。

刮水器的种类大致有两种：一种是传统间歇式，这是最常见的刮水器，有 3~4 个挡位不等，由驾驶员依照雨势以及视线状况做调整；另一种是雨珠感应式，多使用于中高级车型上。

刮水器开关安装在方向盘右侧拨杆上，按照汽车品牌不同，刮水器开关主要分为拨动式和旋钮式两种，具体如表 5-1 所示。

表 5-1　汽车刮水器开关类型

项目	拨动式刮水器开关（欧美系常用）	旋钮式刮水器开关（日韩系常用）
三厢车刮水器开关（没有后风窗清洗功能）		
两厢车刮水器开关（有后风窗清洗功能）		

　　刮水器开关挡位功能如图 5-1 和图 5-2 所示。车窗外部有水情况下使用点动挡（单次刮刷）；毛毛雨时用间歇挡，可以通过频率调整旋钮调整间歇时长；小雨时使用低速挡；大雨时使用高速挡。刮水器拨杆向前拨是前风挡喷水+刮动。后风挡喷水方式与车型有关，有的向后拨动（见图 5-1），有的用后刮水器旋钮开关操作（见图 5-2）。

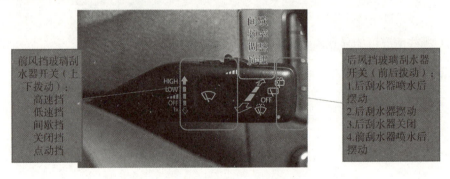

图 5-1　拨动式刮水器开关挡位功能

图 5-2　旋钮式刮水器开关挡位功能

图 5-3 所示为风窗刮水器操纵杆，其位置说明如表 5-2 所示。

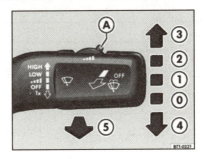

图 5-3　大众某车型风窗刮水器操纵杆

表 5-2　风窗刮水器操纵杆位置说明

⓪	OFF	关闭风窗刮水器
①	▁▂▃▄	间歇刮水 左拨或右拨图5-3中Ⓐ即可调节刮水间隔时间（无雨水传感器的轿车）或雨水传感器的灵敏度
②	LOW	慢速刮水
③	HIGH	快速刮水
④	1x	点动刮水，刮水器刮一次。向下拨操纵杆，加快刮水速度
⑤	💦	将操纵杆拉至该位置，系统立即启动清洗/刮水功能，清洗风窗

打开点火开关，发动机舱盖和后备厢盖均处于关闭状态时风窗刮水器方能工作。风窗间歇刮水功能与车速有关，车速越高，刮水频率越快。风窗刮水器处于打开状态时，若关闭点火开关，则再次打开点火开关时风窗刮水器将按关闭点火开关前的设定刮水。若前风窗上有霜、雪或其他黏结物，则可能损坏风窗刮水器电机。

不同情况下，风窗刮水器的反应不一样。轿车处于静止状态时，打开刮水器时刮水器暂时降低刮水速度；清洗/刮水系统处于运转状态时，空调系统切换至空气内循环模式运转约 30 s，防止风窗清洗液的气味进入车内；打开间歇刮水功能时，系统根据车速调节刮水间隔时间，车速越高，刮水间隔时间越短。

任务 5.1.2　更换刮水器片，添加玻璃水，调整喷水高度

请查看相关车型保养手册，并完成以下工作表。

1. 工作表　更换刮水器片、添加玻璃水、调整喷水高度

（1）什么情况下需要更换刮水器片？

（2）通过观看预习视频，总结说明更换刮水器片的注意事项有哪些。

（3）查看保养手册，说明如何使刮水器停在维护位置？

（4）查看保养手册，说明如何更换刮水器片，列出更换步骤。

（5）刮水器片的类型有哪些？如何选择？

（6）什么情况下需要添加玻璃水？添加玻璃水有哪些注意事项？

（7）写出图中1~4部分的名称，如果要使喷射方向升高，应该怎么调整？

2. 参考信息

汽车刮水器是个比较小的零部件，但是雨天驾车由刮水器老化引起的交通事故率比平常高出大约5倍。刮水器的刮水效果直接影响驾驶安全。好的刮水器必须具备耐热、耐寒、耐酸碱、抗腐蚀、能贴合挡风玻璃、减轻发动机负担、低噪声、拨水性强、质软不刮伤挡风玻璃等特点，能使驾驶员视野清晰。维修人员建议，为确保行车安全，刮水器片最好每年更换一次。

（1）刮水器使用注意事项。

① 晴天使用刮水器除去风挡表面的灰尘时，一定要喷洒玻璃水，不能干刮。玻璃上有其他顽固、坚硬的污物，应该用手工清理，以免刮水器片刮伤玻璃。

② 洗车和日常打扫需抬起刮水器片时，要执拿刮水器片的"脊背"，放时轻轻送回，

不可啪地一下将刮水器片弹回。

③ 要正确清洗刮水器片，清洁沙粒，以免造成刮水器片的加剧磨损。磨损或脏污的刮水器片将大大降低前方视野清晰度，恶化行驶安全性。

④ 尽量避免高温暴晒，夏日强烈的高温会造成刮水器片变形或失去弹性，使得清洁效能变低，或者刮伤玻璃。

⑤ 冬季天气比较寒冷，车主在洗车之后要及时清理刮水器片和玻璃上的积水，防止结冰从而加重刮水器的负担。

⑥ 如果清晨出门发现刮水器被雪水黏在挡风玻璃上，千万不要用热水直接冲洗，这样容易使车窗因为温度变化而炸裂、刮水器变形。正确的方法应该是将空调开至热风，吹风模式为前风挡，待刮水器自然化开。

⑦ 在停车前应将刮水器关闭再熄火。如果忘了关刮水器，第二天一起动车，刮水器就自动开启。这种情况下，若刮水器被冻住，刮水器电机很容易烧坏。如气温降至冰点以下，使用风窗刮水器前务必检查刮水器片是否冻结在风窗玻璃上。寒冷气候条件下停驻轿车时应将刮水器移至其维护位置。

（2）刮水器保养注意事项。

① 先弄清楚车辆需要的是哪种规格的刮水器，可参考随车手册，看清上面注明的刮水器型号。

② 要注意支杆连接至刮水器摇臂的方式是否匹配。因为有的支臂是用螺丝固定到摇臂上的，而有些则是用凸扣锁死的。

③ 将刮水器拉起来，用手指在清洁后的橡胶刮水器片上摸一摸，检查是否有损坏以及橡胶叶片的弹性。若叶片老化、硬化，出现裂纹，则此刮水器不合格。

④ 在试验时，将刮水器开关置于各种速度位置处，检查不同速度下刮水器是否保持一定速度。特别是在间断工作状态下，还要留意刮水器在运动时是否保持一定速度。

⑤ 检查刮水状态，以及刮水支杆是否存在摆动不均匀或漏刮的现象。如果出现以下三种情况，说明此刮水器不合格。一是摆幅不顺、刮水器不正常跳动；二是橡胶的接触面与玻璃面无法完全贴合，而产生擦拭残留；三是擦拭后玻璃面呈现水膜状态，玻璃上产生细小条纹、雾及线状残留。

⑥ 在试验时应注意电机有无异常噪声，尤其应引起注意的是，当刮水器电机"嗡嗡"作响而不会转动时，说明刮水器机械传动部分有锈死或卡住的地方，这时应立即关闭刮水器开关，以防烧毁电机。

⑦ 有些人认为刮水器片的长度越长，刷的面积越大、视野越好。其实，刮水器片并非越长越好。加长刮水器片长度虽然可以增加视野范围，但相对也会增加刮水器发动机、刮水器杆的负担。加长要保证绝不能妨碍刮水器的正常工作。

（3）刮水器规格尺寸。

刮水器的尺寸单位与公制单位对照：14″—350 mm，16″—400 mm，18″—450 mm，20″—500 mm，21″—525 mm，22″—550 mm，24″—600 mm，26″—650 mm。即刮水器尺寸增加1 in[①]，刮水器的长度增加25 mm。

---

① 1in=2.54 cm。

（4）刮水器类型。

刮水器从设计上区分主要有两种：有骨刮水器和无骨刮水器。

有骨刮水器见图 5-4。有骨刮水器的原理：通过骨架上的若干支撑点把刮水器片压在玻璃上，使刮水器片上的各个支撑点的压力平均。在使用的过程中，由于有骨刮水器各个支撑点的压力平均，磨损的程度也平均，容易出现刮水器片和玻璃之间摩擦的噪声，不易刮干净杂质。

无骨刮水器见图 5-5。无骨刮水器本身是由刮水器胶条、无骨刮水器钢片、刮水器护套和塑料件四种配件组成的。其中支架为不锈钢材质，钢片为碳钢且长度在 10~28 in，厚度为 0.80~0.90 mm，宽度为 7.00~14.00 mm。无骨刮水器钢片的弹性比一般有骨刮水器钢片更好一些，可降低抖动磨损，其受力均匀、防日晒、结构简单、重量更轻。无骨刮水器是整个刮水器条受力，刮水器与玻璃贴合得更紧密，其压力分布得更为均匀，受力均匀，可以达到更好的刮水器效果，所以无骨刮水器刮拭更干净，不容易抖动，而且噪声也小，是现在应用的主流。

图 5-4　有骨刮水器

图 5-5　无骨刮水器

（5）拆卸刮水器片注意事项。

首先，将刮水器完全立起来，为了避免在拆装过程中损伤风挡玻璃，建议车主拆装刮水器时在风挡玻璃处垫上一块布，支起刮水器改变，刮片角度。

其次，将刮水器刮片角度改变，最好使其与刮水器摆臂呈 90°。因为刮水器片整体与摆臂是用卡子卡住的，所以在呈一定角度之后便于拆装。

按角度放好之后即可开始拆装，先要用一只手将橡胶刮片提起，为的是让刮水器摆臂与刮片的固定钩暴露出来。刮水器片整体取下，下面一只手横向掰开橡胶刮片，另一只手则用力向下按住支架，使刮水器片与摆臂分离，在这之后即可将刮水器片整体取下。

（6）更换刮水器片。

在发动机舱盖关闭的情况下短暂接通点火开关后关闭，然后在 10 s 内向下拨动刮水器拨杆，刮水器即可移动到维护位置，此时将刮水器臂向外拉出，见图 5-6。

按压解锁装置，并将刮水器片沿箭头方向从刮水器臂上拉出，将刮水器片插入刮水器臂内，直至听到啮合的声音。装配时不要混淆驾驶员侧和副驾驶员侧的刮水器片。

安装时不要接触刮水器片以免损坏。安装好以后小心地将刮水器臂放回到风窗玻璃上，打开点火开关并短时操作刮水器操纵杆，再次关闭点火开关，将前风窗玻璃刮水器再次运行到终端位置。

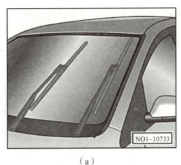
（a）

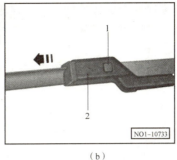
（b）

图 5-6　更换刮水器片

（a）刮水器维护位置；（b）刮水器片拆卸方法

1—解锁装置；2—刮水器臂

（7）添加玻璃水注意事项。

打开点火开关时若干警告/指示灯点亮，轿车进行功能检查，数秒钟后警告/指示灯应熄灭。当车辆自检后仪表上有 警告灯符号不熄灭，说明储液罐里的清洗液液位过低，需要添加玻璃水。如不遵照警告灯和警告文本发出的警告进行操作，则可能损坏轿车。发动机舱内找到加注口，见图 5-7，按照步骤添加玻璃水。

应定期检查风窗清洗液液位，并视情况添加清洗液。具体步骤和注意事项有以下几点：

打开发动机舱盖，清洗液储液罐盖上标有符号 ，以便于识别；检查储液罐内的清洗液是否充足，若不充足则需要添加清洗液；因为纯水不能彻底洗净风窗玻璃，故建议在纯水中添加清洗液添加剂，添加时务必按添加剂包装容器上的配比说明配置风窗清洗液；低温气候条件下还应添加专用防冻剂，防止清洗液冻结。以迈腾为例，清洗液储液罐容量约为 2.5 L 或 4.5 L（配备前照灯清洗系统的轿车）。

风窗清洗液中切勿混入防冻剂或其他不合适的添加剂，否则可能在前风窗或后风窗玻璃上形成油膜，影响前方视野。推荐使用汽车厂家的清洗液添加剂与干净的纯水配制清洗液，必要时可在清洗液中添加合适的防冻剂。切勿将其他清洗剂和厂家推荐的清洗剂混在一起使用，否则可能使清洗剂成分分解堵塞风窗清洗器喷嘴。添加清洗液时注意不要混入其他车用油液，否则可能导致功能失常或者损坏清洗液泵。

（8）调整喷嘴喷射方向。

以高尔夫车型为例，说明刮水器喷水高度调整方法。所需要的专用工具和维修设备是调整工具 T40187 或者调整工具 T10127，见图 5-8。

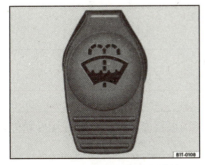

图 5-7　风窗清洗液储液罐盖

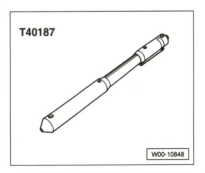

图 5-8　玻璃清洗液喷嘴喷射方向调整工具 T40187

如果由于喷嘴堵塞而导致喷射不均匀,则必须拆下喷嘴并用水冲洗,冲洗的方向与喷嘴喷射方向相反。然后可以用压缩空气沿着与喷射的相反方向吹洗喷嘴,不得使用其他物品清洗喷嘴。

前风窗清洗喷嘴是设定好的,但是可以进行高度调整,见图5-9。

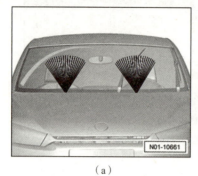
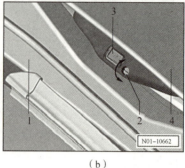

(a)　　　　　　　　　　　　　(b)

图5-9　前风窗清洗喷嘴调整

(a)喷射区域;(b)喷嘴调节器位置

1—前风窗玻璃前的导流板;2—喷嘴调节器;3—扇形喷嘴;4—发动机舱盖

如果图5-9(a)中两个喷射区域高度不一致,可以用一把合适的螺丝刀转动喷嘴调节器以调整扇形喷嘴,顺时针方向调节时喷射方向变低;逆时针方向调节时喷射方向升高。

后风窗喷嘴调整也使用调整工具T10127或者T40187,调整喷嘴使得喷射的水流达到后窗玻璃的上部三分之一区域,*a*约115 mm,*b*约54 mm,见图5-10。

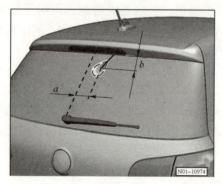

图5-10　后风窗清洗喷嘴调整

拆卸雨刮器总成

任务5.1.3　更换汽车刮水器电机,请查看相关车型维修手册,完成以下工作任务

1. 工作表　更换汽车刮水器电机

(1)刮水器通常安装在什么位置?

_____

_____

(2)什么是刮水器的APS功能?拆卸和安装挡风玻璃刮水装置为什么要关闭APS功能?

_____

_____

(3) 查看维修手册，列出更换刮水器电机需要的工具有哪些？
_____
_____

(4) 查看维修手册，制订更换刮水器电机工作计划并实施，在安装过程中调整车窗玻璃刮水器片终端停止位置。

工作计划：_____
_____
_____
_____

2. 参考信息

(1) 挡风玻璃刮水装置装配一览。

刮水器安装在前风挡玻璃下面的排水槽盖板下方，图 5-11 所示为挡风玻璃刮水装置装配图，通过图片能够看出刮水器的组成，主要包括刮水器电机总成、刮水器臂、无骨刮水器片和带连杆的刮水器框架（传动装置）等。

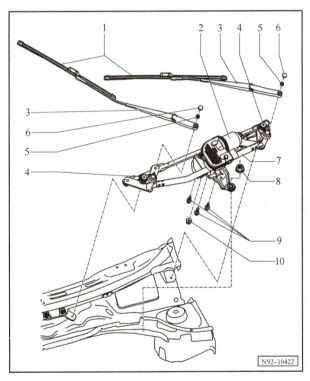

图 5-11　挡风玻璃刮水装置装配图

1—无骨刮水器片；2—车窗玻璃刮水器电机 V 和刮水器电机控制单元 J400；3—刮水器臂；4—拧在车身上的刮水器框架紧固螺栓（8 N·m）；5—刮水器紧固螺母（20 N·m）；6—盖罩；7—带连杆的刮水器框架；8—拧在车身上的刮水器框架紧固螺母（5 N·m）；9—拧在刮水器框架上的刮水器电机的紧固螺栓（12 N·m）；10—刮水器电机轴上的电机曲柄的紧固螺母（17 N·m）

(2）拆卸和安装刮水器臂。

拆卸和安装刮水器臂所用的专用工具和维修设备包括扭矩扳手 VAG 1331 和拉拔器 T10369，见图 5-12。

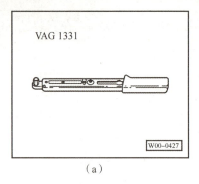
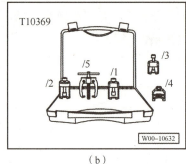

图 5-12　拆卸和安装刮水器臂所用的专用工具和维修设备
（a）扭矩扳手 VAG 1331；（b）拉拔器 T10369

拆卸前将刮水器运行至终端停止位置，然后关闭点火开关。用螺丝刀撬下刮水器臂紧固螺母盖罩，拧下紧固螺母，具体位置如图 5-13 中箭头所示。

如图 5-14 所示，将拉拔器 T10369 的压紧螺栓和拉拔器两个部分推到刮水器臂的下方。为了避免拆卸损坏车窗玻璃刮水器轴，每次都要使用压块松开刮水器臂。沿顺时针转动拉拔器的压紧螺栓，直到压块紧贴在刮水器轴上。用开口宽度为 6 mm 的六角扳手沿顺时针方向转动拉拔器的压紧螺栓，直至从轴上松开刮水器臂。

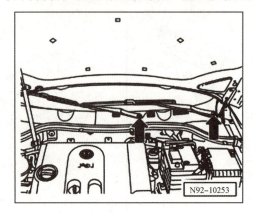
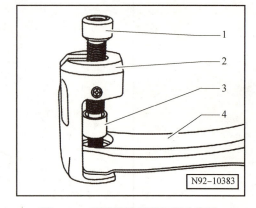

图 5-13　刮水器臂紧固螺母位置　　　图 5-14　使用拉拔器拆卸刮水器臂
　　　　　　　　　　　　　　　　　　1—压紧螺栓；2—拉拔器；3—压块；4—刮水器臂

安装刮水器臂大体以倒序进行，具体顺序如下：

● 将刮水器电机运行到终端位置，这需要打开点火开关并短暂向下按压一次刮水器拨杆（点动刮水），在刮水器电机停转后再次关闭点火开关。

● 将刮水器臂安装在刮水器臂轴的终端停止位置，并用手拧紧紧固螺母（见图 5-13 箭头位置）。

● 调节车窗玻璃刮水器片终端停止位置，调节好以后才能以规定的力矩拧紧刮水器臂的紧固螺母（见图 5-13 箭头位置）。

（3）拆卸和安装挡风玻璃刮水装置。

拆卸和安装挡风玻璃刮水装置所需要的专用工具和维修设备是扭矩扳手 VAG 1331，见图 5-15。

挡风玻璃刮水装置安装位置见图 5-16。断开和连接蓄电池时，必须遵守维修手册中所说明的工作步骤：关闭 APS 功能→将刮水器运行至终端停止位置，然后关闭点火开关→断开蓄电池→拆卸刮水器臂→拆卸排水槽盖板（车身外部维修，修理组 64，强力粘贴式车窗玻璃，排水槽盖板装配一览，拆卸排水槽盖板）→解锁并脱开插头连接→从刮水器框架支撑板中脱开导线支架→从刮水器框架上取下发动机线束固定卡（见图 5-16 中箭头）→旋出紧固螺母和垫片→旋出紧固螺栓→从车中取下带连杆的刮水器框架和刮水器电机。安装大体以倒序进行。

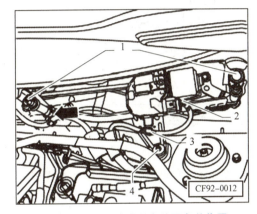

图 5-16 挡风玻璃刮水装置安装位置

1—紧固螺栓；2—插头连接；3—导线支架；4—垫片

图 5-15 扭矩扳手 VAG 1331

（4）从刮水器框架中拆卸和安装刮水器电机。

拆卸和安装刮水器电机所需要的专用工具和维修设备是扭矩扳手 VAG 1331、撬杆 80-200，如图 5-17 所示。

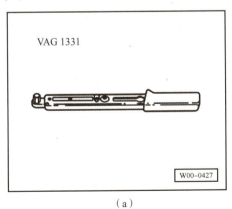

(a)

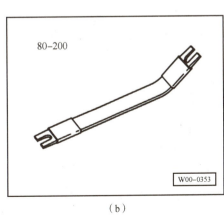

(b)

图 5-17 拆卸和安装刮水器电机所需要的专用工具和维修设备

(a) 扭矩扳手 VAG 1331；(b) 撬杆 80-200

挡风玻璃刮水装置拆卸下来以后，用撬杆80-200或者一把合适的螺丝刀从电机曲柄中撬下连杆的球头（见图5-18中箭头所指），注意拆卸过程中不要损坏连杆球头的密封套。

刮水器电机和控制单元的拆装顺序：拧下六角螺母→从刮水器电机轴上拔下电机曲柄→旋出紧固螺栓（见图5-19中三个箭头所指），并取下固定板→向下从刮水器框架内取出刮水器电机和控制单元。

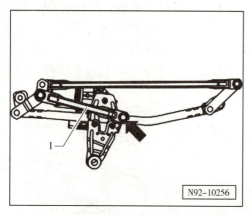

图5-18 挡风玻璃刮水电机的曲柄连杆机构

1—连杆

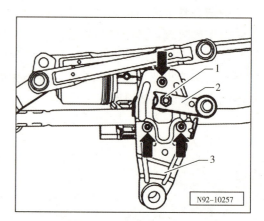

图5-19 拆卸刮水器电机及控制单元

1—六角螺母；2—电机曲柄；3—固定板

安装大体以倒序进行，需要注意重新连接蓄电池时将插头插到刮水器电机上，并短暂地按下车窗玻璃刮水器开关（点动刮水），使刮水器运行到限定位置，注意不要用手抓住或拆下还在旋转的刮水器电机零部件，否则可能会夹到手。

从刮水器电机上拔下插头，并再次断开蓄电池。将刮水器电机和控制单元安装到刮水器框架内，并与连杆上的凹口（见图5-20箭头）吻合。

装上支撑板，并拧上紧固螺栓（见图5-21箭头）。以规定的拧紧力矩拧紧紧固螺栓。

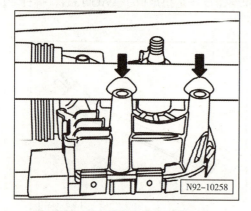

图5-20 刮水器电机连杆上的凹口

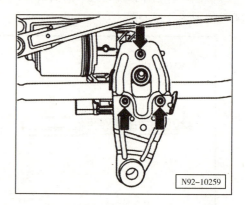

图5-21 刮水器电机紧固螺栓位置

电机曲柄安装到刮水器电机轴上时，要使图中所画出的三个点1、2和3位于一条线上，如图5-22所示。

用紧固螺母拧紧刮水器电机轴上的电机曲柄,以规定的拧紧力矩拧紧紧固螺母,如图 5-23 所示。

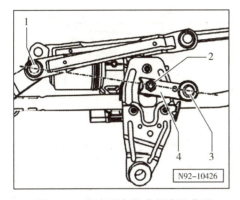

图 5-22　刮水器电机曲柄安装位置

1—接杆球头;2—电机轴;3—电机曲柄球头;4—电机曲柄

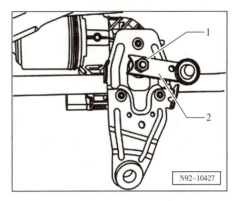

图 5-23　刮水器电机曲柄的紧固螺母位置

1—紧固螺母;2—电机曲柄

将连杆的球头(见图 5-24 箭头)压到电机曲柄上,如图 5-24 所示,刮水器电机安装完成。

(5)调节车窗玻璃刮水器片终端停止位置。

更换刮水器装置、刮水器电机之前都需要关闭刮水器电机的 APS 功能;更换刮水器臂、刮水器装置或者刮水器电机后都需要调节车窗玻璃刮水器片的终端停止位置,调整好以后再拧紧紧固螺母。

调整所需要的专用工具和维修设备是扭矩扳手 VAG 1331,如图 5-17(a)所示。

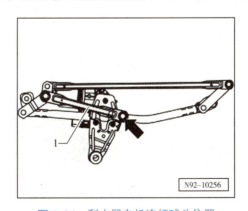

图 5-24　刮水器电机连杆球头位置

1—连杆

调整前需要关闭 APS 功能,刮水器电机运行到终端位置,然后关闭点火开关,调节车窗玻璃刮水器终端停止位置。

驾驶员侧:刮水器橡胶尖端和挡风玻璃下边缘之间的距离 A 必须为 39 mm,见图 5-25(a)。必要时通过错开刮水器臂来调节车窗玻璃刮水器片的终端停止位置。用规定的拧紧力矩拧紧紧固螺母。

副驾驶员侧刮水器橡胶片尖端和排水槽盖板的上边缘之间的距离 B 必须为 14 mm，见图 5-25（b），必要时通过错开刮水器臂来调节车窗玻璃刮水器片的终端停止位置。用规定的拧紧力矩拧紧紧固螺母。

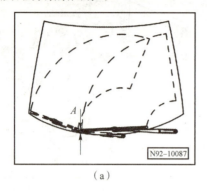
（a）

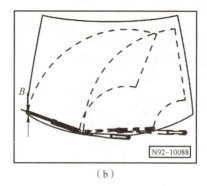
（b）

图 5-25 车窗玻璃刮水器片终端停止位置
（a）驾驶员侧；（b）副驾驶员侧

（三）任务拓展

1. 请查阅汽车厂家资料和国家汽车相关法律法规，向客户讲解汽车刮水器相关的索赔和三包规定。

2. 挡风玻璃刮水器电机的 APS 功能。

很多车型的挡风玻璃清洗装置配备了 APS（Alternate Parking Position）功能（交替变换停止位置），APS 功能是在刮水器到达车窗玻璃凹陷最深的位置后，每当第二次关闭时将刮水器向前移动一段距离，以便刮水器片两侧受力，避免刮水器片过早磨损，见图 5-26。

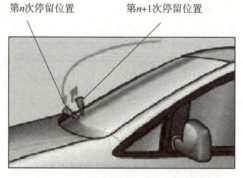

图 5-26 刮水器电机的 APS 功能

拆卸和安装刮水器时，为了将电机曲轴装配到刮水器电机上，电机必须停在下方的停止位置。为了保证做到这一点，必须关闭 APS 功能。

关闭 APS 功能需要用到诊断仪，使用诊断仪的"引导型故障查询"或者"引导型功能"，通过"跳转"键选择"功能 / 部件选择"并按照下列顺序选择菜单项：

底盘→电气系统→01 具有自诊断功能的系统→车载电网控制单元→车载电气系统功能→编码刮水器电子装置 / 关闭 APS 功能。完成编码 / 关闭 APS 功能后，在下一个刮水周期后刮水器电机位于下方的停留位置。

已关闭 APS 功能的刮水器电机以及新的刮水器电机，无法激活 APS 功能，在 100 个刮水循环后自动激活 APS 功能。

三、参考书目

序列	书名，材料名称	说明
1	《汽车电气系统故障诊断与维修》	主编 张军 高等教育出版社
2	迈腾保养手册、迈腾维修手册、红旗轿车用户手册、专用工具	迈腾保养手册　　迈腾维修手册

任务 5.2 汽车后窗玻璃加热不工作故障检修

一、任务信息

任务5.2 汽车后窗玻璃加热不工作故障检修			
任务难度	中级		
学时	4学时	班级	
成绩		日期	
姓名		教师签名	
案例导入	客户抱怨,气温较低导致后窗玻璃内侧结冰霜,打开后窗玻璃加热功能除霜,10 min以后后风挡玻璃视线依然不好。请你根据顾客描述,查找故障原因,排除故障		
能力目标	知识	1. 能够正确描述后窗玻璃加热功能开启条件和方法。 2. 能够理解后窗玻璃加热原理。 3. 能够制订后窗玻璃加热功能故障诊断工作计划	
	技能	1. 能够验证后窗玻璃加热功能异常故障现象。 2. 能够正确识读后窗玻璃加热电路图。 3. 能够正确使用测量工具进行测量和诊断	
	素养	1. 能够具有团队协作精神。 2. 能够采用科学的诊断方法分析和解决问题。 3. 能够参照保养手册和维修手册内容严谨规范操作	

二、任务流程

(一)任务准备

针对后窗玻璃加热不工作故障,需要确认故障现象,根据控制电路分析可能的故障原因,实施测量确认故障点。如何确认、分析和测量,请查看右图二维码进行学习。

汽车后窗玻璃加热不工作可能故障原因及测量方法分析

（二）任务实施

任务 5.2.1 汽车后窗玻璃加热不工作故障验证

1. 工作表 汽车后窗玻璃加热不工作故障现象确认，确认后完成表格

序号	操作项目	检查结果
1	打开后窗玻璃加热器的条件是什么？	
2	打开后窗玻璃加热器几分钟后，手摸后风挡玻璃，是否被加热？	
3	得出什么结论？	

汽车后窗玻璃加热不工作

2. 参考信息

在气温较低的环境中，风窗玻璃内侧易结冰霜或雾水，通常采用加热的方法将其去除，前风挡玻璃一般采用打开暖风的方法除霜，后窗玻璃一般采用电热丝加热的方法除霜，如图 5-28 所示。

图 5-28 后窗玻璃加热电热丝

按压后窗玻璃加热按钮，即可打开或者关闭后窗玻璃加热。后窗玻璃加热仅在发动机运转的情况下才起作用。如果接通了后窗玻璃加热，开关上的一个指示灯便会亮起，如图 5-29 所示。

图 5-29 后窗玻璃加热开关

根据车外温度情况而定，后窗玻璃加热运行 10~20 min 后即自动关闭。在车外温度极低的情况下，可以操作加热按钮将后窗玻璃加热打开 2 s 以上。系统会记住这个开启时间，直到关闭点火开关时将其存储起来。如果后窗玻璃加热一直开着，则会在点火开关关闭后按 15 min 存储起来，如果 15 min 之内再次起动发动机，后窗玻璃加热便会根据车外温度

的情况打开 10~20 min。这样，在汽车只是短暂关闭而又重新起动的情况下，不必再次手动打开后窗玻璃加热。

只要后窗玻璃达到足够的能见度，就应当关闭后窗玻璃加热来减少耗电量。

下面以迈腾 B8L 为例，熟练操作车辆，收集信息判断故障方向，操作方法和判断结果见表 5-3。

表 5-3 后窗加热不工作故障检查表

序号	操作项目	检查结果
1	打开后窗玻璃加热器的条件是什么？	发动机运转时，按压后窗玻璃加热器按钮，加热器约工作10 min后自动关闭
2	打开后窗玻璃加热器几分钟后，手摸后风挡玻璃，是否被加热？	正常温度，没有被加热
3	得出什么结论？	后窗玻璃加热器故障

任务 5.2.2 后窗玻璃加热电路图识读

1. 工作表 后窗玻璃加热系统电路识图

（1）通过分析迈腾 B8L 后窗玻璃加热系统电路图，找出后窗玻璃加热系统电路中都包括哪些部件。

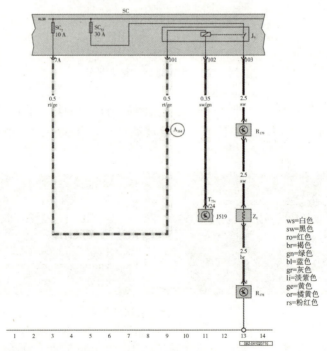

（2）分析后窗玻璃加热不工作可能的故障原因。

2. 参考信息

迈腾 B8L 后窗玻璃加热系统电路由加热按钮、后窗玻璃加热熔断器、后窗玻璃加热继电器、车载电网控制单元 J519、电热丝及相关电路等部分组成，具体电路见图 5-30。

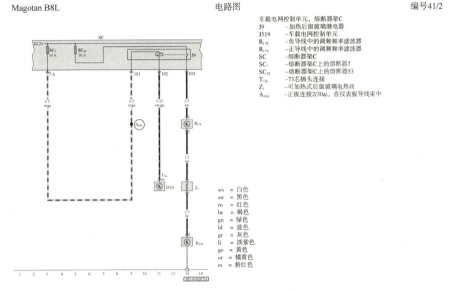

图 5-30　后窗玻璃加热系统电路

当按下后窗玻璃加热按钮时，空调控制单元 J255 接收到信号以后通过总线把信息传递给车载电网控制单元 J519，J519 控制可加热后窗玻璃继电器 J9 的线圈电路搭铁，J9 触点吸合接通电热丝电路，最终实现后窗玻璃加热。

后窗玻璃加热不工作可能的故障原因：后窗玻璃加热器的熔断器 SC_{53}、可加热后窗玻璃继电器 J9、车载电网控制单元 J519 到 J9 之间的导线、继电器 J9 线圈的来电端（包含 SC_7）、继电器到正导线中的调频频率滤波器 R_{179} 的供电线、正导线中的调频频率滤波器 R_{179}、R_{179} 到后窗玻璃的正极导线、可加热式后窗玻璃电热丝 Z_1、后窗玻璃电热丝 Z_1 到负导线中的调频频率滤波器 R_{178} 之间的线路、负导线中的调频频率滤波器 R_{178} 等故障。

可能的故障原因比较多，故障诊断时应该根据可能的故障原因，本着由易到难的原则制订故障诊断计划。

任务 5.2.3　后窗玻璃加热系统测量与分析

1. 工作表　后窗玻璃加热电路测量

（1）请你针对后窗玻璃加热不工作故障，根据后窗玻璃加热电路原理和可能的故障原因分析，制订故障诊断计划。

（2）请你列出测量过程中的注意事项（至少两点）：

（3）将测量结果填写在表格内：

序号	操作项目	检查结果
1	测量检查前，车辆需要处在什么状态？	
2	检查后窗玻璃加热器的熔断器SC_{53}两端电位各是多少，是否正常	
3	带载检查可加热后窗玻璃继电器J9输出端87脚电位是多少，是否正常	
4	带载检查可加热后窗玻璃正负极两端端电压是多少，测量值是否正常	
5	断电测量后风挡加热丝电阻是多少，是否正常	
6	诊断结论	
7	解决方法	

2. 参考信息

起动发动机，车辆在着车状态下，按下后窗玻璃加热开关，10 min 内检查。针对后窗玻璃加热不工作故障，根据后窗玻璃加热电路原理和可能的故障原因分析，本着由易到难的原则使用万用表实施测量与分析。

（1）检查后窗玻璃加热器熔断器 SC_{53} 两端对地电压；
（2）若熔断器正常，继续带载检查可加热后窗玻璃继电器 J9 输出端 87 脚对地电压；
（3）若继电器正常，继续带载检查后窗玻璃电热丝两端对地电压；
（4）若后窗玻璃电热丝两端对地电压正常，则断电检查后窗玻璃电热丝电阻，判定好坏；
（5）确定故障点，排除故障；
（6）排除故障后验证故障是否解决。

（三）任务拓展

请查阅汽车厂家资料和国家汽车相关法律法规，向客户讲解汽车后窗玻璃加热器相关的索赔和三包规定。

三、参考书目

序号	书名，材料名称	说明
1	《汽车电气系统故障诊断与维修》	主编 张军 高等教育出版社
2	实训车辆（这里以迈腾B8L为例）、诊断仪、万用表、工具车	

任务 5.3　汽车刮水器不工作故障检修

一、任务信息

任务5.3　汽车刮水器不工作故障检修			
任务难度	高级		
学时	4学时	班级	
成绩		日期	
姓名		教师签名	
案例导入	开车途中下起了小雨，刮水器没有自动刮水；操作刮水器开关，刮水器不工作。车主将车开到4S店，由你解决这个故障		
能力目标	知识	1. 能够正确描述刮水器的工作条件。 2. 能够掌握刮水器的结构及工作原理。 3. 能够正确识读刮水器电路图，分析可能故障原因及诊断方法。 4. 能够认识智能刮水器系统的组成及功能	
	技能	能够用专业诊断设备进行故障诊断	
	素养	1. 具有团队协作精神。 2. 具有严谨规范的工作态度	

二、任务流程

（一）任务准备

针对汽车刮水器不工作故障，需要做哪些工作解决这个问题？若用诊断仪进行测量和故障诊断，需要用到诊断仪的哪些功能辅助诊断？请查看下图二维码进行学习。

迈腾刮水器控制电路

迈腾刮水器电路的 LIN 测量

（二）任务实施

任务 5.3.1　典型车系刮水器不工作故障检修

学习刮水器的结构、原理及控制电路，完成下面工作表。

1. 工作表 刮水器电机结构、工作原理及控制电路

（1）刮水器按照驱动方式分为哪几种？

_____

_____

（2）写出下图中刮水器电机各个部分的名称。

（3）说明永磁式刮水器电机是如何实现变速的？

_____

_____

（4）用不同颜色笔在下图中画出刮水器电机低速挡和高速挡的工作电流路径。

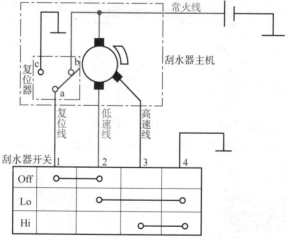

（5）什么是刮水器的自动复位功能？

_____

_____

_____

（6）写出下图中捷达1984前车窗刮水器电路图中各部分的名称。

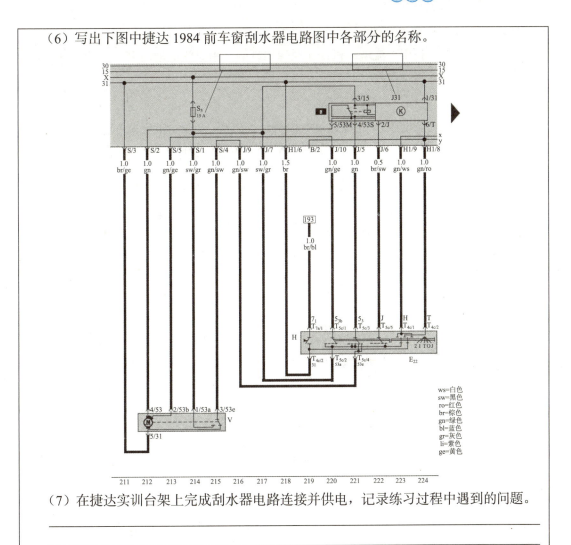

（7）在捷达实训台架上完成刮水器电路连接并供电，记录练习过程中遇到的问题。

2. 参考信息

（1）刮水器的结构和工作原理。

刮水器的工作原理

① 电动刮水器的结构。

刮水器的作用是清除车窗玻璃上的雨水、雪或尘土，以确保驾驶员良好的能见度。有前车窗刮水器和后车窗刮水器之分。因驱动装置的不同，刮水器有真空式、气动式和电动式三种。目前汽车上广泛使用的是电动刮水器。电动刮水器由直流电动机和一套传动机构组成，见图5-31。电动机旋转经减速和连动机构的作用变成刮水器臂的摆动。

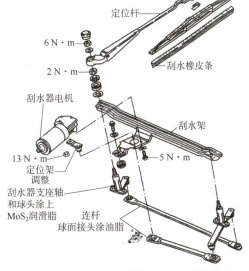

图 5-31　电动刮水器结构及传动路线

② 电动刮水器的变速原理。

刮水器的变速是利用直流电动机变速原理实现的，由直流电动机电压平衡方程式可得转速公式为

$$n = \frac{U - IR}{kZ\Phi}$$

刮水器的变速原理

式中，U 表示电动机端电压；I 表示通过电枢绕组的电流；R 表示电枢绕组的电阻；k 表示常数；Z 表示正、负电刷间串联的绕组（导体）数；Φ 表示磁极磁通。

在电压 U 和直流电动机定型的条件下，即 I、R、k 均为常数时，当磁极磁通 Φ 增大时转速 n 下降，反之则转速上升。若两电刷之间的电枢绕组（导体）数 Z 增多，转速 n 会下降，反之则上升。所以，刮水器变速是在直流电动机变速的理论基础上，采取改变电动机磁极磁通的强弱，或者改变两电刷之间的导体（绕组）数多少来实现的。

a. 改变磁通变速。

采用改变电动机磁极磁通变速的方法，只适合于线绕式直流电动机。线绕式电动刮水器的工作原理见图 5-32。

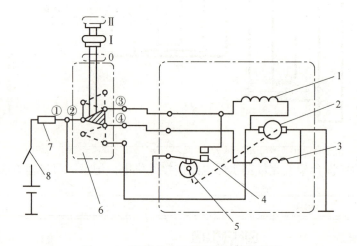

图 5-32　线绕式电动刮水器的工作原理

1—串励绕组；2—电枢；3—并励绕组；4—触点；5—凸轮；6—刮水器开关；7—熔断器；8—电源开关

当刮水器开关在Ⅰ挡位置（低速）时，电流由蓄电池正极经电源开关→熔断器→接线柱②→接触片，然后分两路：一路通过接线柱③→串励绕组→电枢至蓄电池负极形成回路；另一路通过接线柱④→并励绕组至蓄电池负极而形成回路。此时，在串励绕组和并励绕组的共同作用下，磁场增强，电动机以低速运转。

b. 改变电刷间的导体数变速。

改变电刷间导体数变速的方法只能通过永磁电机（三刷永磁式直流电动机）来实现，它的磁极为铁氧体永久磁铁，具有不易退磁的优点，能够实现高、低转速，其结构见图 5-33。

永磁式刮水器电机的工作原理见图 5-34。当电机工作时，在电枢内同时产生反电动势，其方向与电枢电流的方向相反。如要使电枢旋转，外加电压 U 必须克服反电动势的作用，当电枢的转速上升时，反电动势也相应上升，只有当外加电压 U 几乎等于反电动

势时，电枢的转速才趋于稳定。

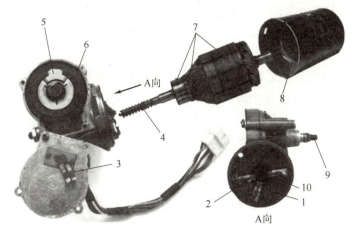

图 5-33　永磁刮水器电机解体图

1—高速碳刷；2—低速碳刷；3—自动复位器触点；4—减速器蜗杆；5—自动复位器滑环；6—减速器蜗轮；7—电枢（整流器、绕组、铁芯）；8—永久磁铁；9—减速器输出轴；10—主碳刷

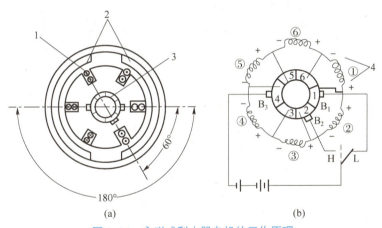

图 5-34　永磁式刮水器电机的工作原理

1—电枢绕组；2—永久磁铁；3—换向器；4—反电动势

B_1—低速运转电刷；B_2—高速运转电刷；B_3—公共电刷，B_1、B_2 安装位置相差 60°

当开关拨向 L 时，见图 5-34(b)。电源电压 U 加在 B_1 和 B_3 之间，由于①、⑥、⑤和②、③、④组成两条并联支路，支路中串联的线圈（导体）均为有效线圈，串联线圈（导体）数相对较多（每条支路串联 3 组绕组），故反电动势较大，电机以较低转速运转。

当开关拨向 H 时，电源电压 U 加在 B_2 和 B_3 之间，由于线圈①和线圈②产生方向相反的电动势，互相抵消，故组成两条并联支路中串联线圈（导体）数相对较少（每条支路串联 2 组绕组），从而反电动势较小，电动机以较高转速运转。

③ 电动刮水器的自动复位装置。

汽车上装用的电动刮水器都设有自动复位装置。所谓的自动复位，就是指在切断刮水器开关时，刮水器片能自动停在驾驶员视野以外的指定位置。

刮水器的复位原理

图5-32中的触点及凸轮，就是线绕式电动刮水器的自动复位装置。凸轮与电枢轴连动，触点由凸轮控制。如果断开刮水器开关，刮水器片没有停在指定位置，凸轮继续将触点顶在闭合位置，电动机继续转动；只有当刮水器片停在指定位置时，凸轮的凹处把触点断开，电动机才停转。

永磁式刮水器电机自动复位装置原理图见图5-35。当刮水器开关推到0挡时，如果刮水器片没有停在规定的位置，由于触点6与铜环接触，则电流继续流入电枢。电流由蓄电池正极→电源总开关→熔断器→电机电刷B_1→电枢绕组→电刷B_3→刮水器开关接线柱②→刮水器开关接线柱①→触点臂5→触点6→铜环→蓄电池负极构成回路，电动机以低速运转，见图5-35（b），直至蜗轮转到图5-35（a）所示的位置时，触点6通过铜环7与触点4连通，将电机电枢绕组短路。与此同时，电动机因惯性不能立即停转，以发电机方式运行，产生很大的反电动势，产生制动力矩，电机迅速停转，使刮水器片停在指定位置。

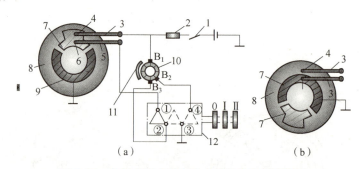

图5-35　永磁式刮水器电机自动复位装置原理图

(a) 工作电路；(b) 复位原理

1—电源总开关；2—熔断器；3，5—触点臂；4，6—触点；7，9—铜环；8—蜗轮；10—电枢；11—永久磁铁

④ 电动刮水器的间歇控制。

电动刮水器间歇控制的作用，一是在与洗涤器配合使用时，可以达到先洗后刮的循环刮洗工序，以提高刮洗效果；二是在毛毛细雨时，雨量稀少，如果刮水器仍按原来那样不断地工作，不仅会引起刮水器片的颤动，而且也会对玻璃有损伤。

刮水器的间歇控制原理

电动刮水器的间歇控制按其间歇时间能否调节可分为可调式和不可调式。

下面以无稳态方波发生器控制的间歇刮水器为例介绍其工作过程，电路见图5-36。由VT_1、VT_2组成无稳态多谐振荡器。R_1、C_1决定K的通电吸合时间，R_2、C_2决定K的断电时间。当刮水器开关处在0挡时，刮水器电机电枢被电刷B_3与B_1、继电器的动断触点和自停开关短路，电动机不工作。此时，若接通间歇开关，则VT_1导通，VT_2截止，K通电使动合触点闭合，刮水器以低速运转。当C_1充电到一定值后，VT_2导通，VT_1迅速截止，K断电，动断触点闭合，电动刮水器自动复位后停止工作。当C_2充电到VT_1导通电压时，VT_1导通，VT_2截止，K动作，动合触点闭合，重复上述过程。

（2）典型车系车窗清洁装置系统控制电路。

图5-37所示为奥迪轿车前车窗玻璃清洗装置电路，当刮水器开关在Ⅰ挡位置时，刮

水器处于间歇工作状态，利用自动复位触点及 C_2 充放电时间来实现间歇控制；刮水器开关处于 Ⅰ 挡时，刮水器以低速工作；刮水器开关处于 2 挡时，刮水器以高速工作；当刮水器开关置于 TIP 位置时，刮水器电机短时间工作；松开刮水器开关，开关自动返回至 0 位置。

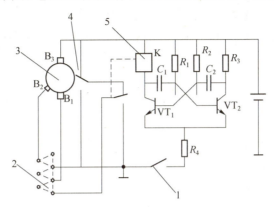

图 5-36　电子间歇刮水器

1—间歇刮水开关；2—刮水器开关；3—刮水电机；4—自停开关；5—继电器

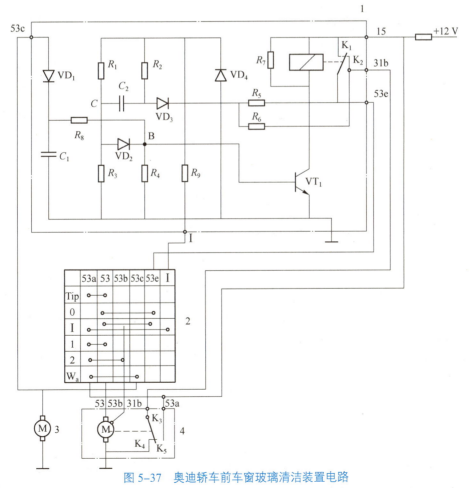

图 5-37　奥迪轿车前车窗玻璃清洁装置电路

1—刮水器间歇控制器；2—刮水器及洗涤器开关；3—洗涤器电机；4—刮水器电机

刮水器开关置于 W_a 位置时，将完成洗涤器和刮水器两项工作。具体工作过程如下：

洗涤器工作电路中的工作电流由蓄电池正极（经卸荷继电器触点）→熔断器→刮水器开关 2 的 53a 触点→刮水器开关 2 的 53c 触点→洗涤器电机→搭铁→蓄电池负极构成回路，于是洗涤器开始工作，将洗涤液喷洒到车窗玻璃上。

上述电路中除洗涤器工作外，同时电路中的工作电流由刮水器开关 2 的 53c 触点→间歇控制器 1 的 53c 触点→二极管 VD_1→电容 C_1→蓄电池负极构成回路，为 C_1 充电。在 C_1 充电的同时，电阻 R_8 与电阻 R_4 电路中的电流由小增大，B 点的电位逐渐升高。在此电压作用下，晶体三极管 VT_1 导通，间歇控制器的继电器线圈通电，触点 K_1 闭合，使间歇控制器中的触点 15 与 53e 接通，于是刮水器电机的电路接通。电路中的工作电流由蓄电池正极→熔断器→间歇控制器触点 15 与 53e→刮水器开关的触点 53e 与 53→刮水器电机→蓄电池负极构成回路，于是刮水器电机慢速工作。

松开开关手柄时，刮水器开关自动复位，洗涤泵立刻停止喷水工作。但这时间歇控制器中的电容 C_1 开始向电阻 R_8 及电阻 R_4 放电，使晶体三极管 VT_1 继续导通，刮水器电机仍慢速工作 4 s，即电容 C_1 放电的时间，其目的是刮干前车窗玻璃上的水滴。

（3）洗涤器。

为了更好地消除附在车窗玻璃上的污物，在汽车上增设了车窗玻璃洗涤器，与刮水器配合工作，保证驾驶员有良好的视野。车窗玻璃洗涤器由洗涤液罐、洗涤液泵、软管、三通、喷嘴及刮水器开关组成，见图 5-38。风挡玻璃清洗装置见图 5-39。

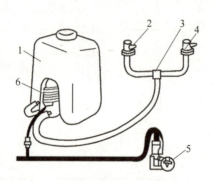

图 5-38　车窗玻璃洗涤器

1—洗涤液罐；2，4—喷嘴；3—三通；5—刮水器开关；6—洗涤液泵

洗涤液泵由永磁直流电机和离心式叶片泵组成。喷射压力为 70~88 kPa。喷嘴安装在车窗玻璃下面，其喷嘴方向可以调整，使水喷射在车窗玻璃的合适位置。洗涤液泵连续工作的时间一般不超过 1 min，使用时应先开洗涤液泵后开刮水器。在喷水停止后，刮水器应继续刮 2~5 次，这样配合使用才能达到良好的洗涤效果。所以，洗涤器的电路一般与刮水器开关联合工作。

注意：

① 寒冷气候条件下使用风窗清洗器前务必采取适当的防冻措施。

② 冬季用风窗清洗器清洗风窗前必须先用轿车通风系统加热风窗，否则，清洗液可能冻在风窗玻璃上，遮挡视线。

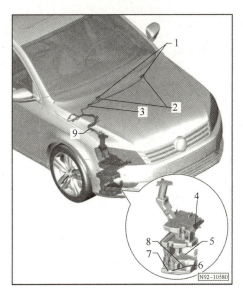

图 5-39 风挡玻璃清洗装置

1—风挡玻璃清洗装置喷嘴；2—角形连接件；3—Y 形管接头；4—车窗玻璃清洗装置和大灯清洗装置储液罐上部件；
5—车窗玻璃清洗装置和大灯清洗装置储液罐下部件；6—车窗玻璃清洗泵 V_5；
7—角形连接件；8—车窗玻璃清洗液液位传感器 G33；9—软管

（4）电动刮水器不工作故障检修。

电动刮水器的故障现象很多，但其故障原因归纳起来无外乎两个方面。从刮水器电机上拆下机械传动装置，打开刮水器开关后，如电机不能正常运行，说明是电机或控制电路有故障，如电机运行正常，则说明是机械故障。

对于电动刮水器不工作故障，先观察其故障现象是某一个速度挡不工作，还是所有挡位均不工作。如果仅是某一速度挡不工作，通常是电气方面故障，需结合该刮水器的电气原理图，确定其不工作的原因。如果是所有挡位均不工作，一般先检查是否有外来机械物品妨碍刮水器机械传动机构的动作。可接通刮水器开关，若电机微微振动或发热，则可能是刮水器片、传动机构、减速机构或电机转子卡住。根据具体情况，排除异物，或者更换局部机构零件，重新安装、调整好刮水器，并加以润滑。若排除了上述故障可能，则应检查刮水器控制电路，如电源电压是否足够，熔断器是否熔断，搭铁及连接线是否松脱、开关接触是否良好等，若前述各项完好，则故障可能在电机上。

（5）清洗器不工作故障检修。

发现风窗清洗器不工作时，可先检查电源电压是否过低，清洗泵电机接线是否良好，搭铁是否可靠，若有故障予以排除。然后接通清洗泵开关，用手触摸电机外壳，若电机无反应，则说明清洗泵电机有故障，进一步拆检电机。

如若电动机正常，接下来应检查储液罐有无清洗液、输液管路及喷嘴是否堵塞或泄漏等。查清故障后，根据相应的故障进行处理，若是管道破裂则应换上相同规格的输液管；若是喷嘴和三通阻塞，可用细钢丝疏通；若滤网堵塞则应拆下清洗；若清洗液喷射位置不合要求，则应对喷嘴位置进行调整；若是电机损坏则应更换。

任务 5.3.2 智能刮水器系统认识

1. 工作表 速腾、迈腾汽车电动车窗电路识图

（1）光电式雨量传感器安装在什么位置？

（2）写出光电式雨量传感器各部分名称。

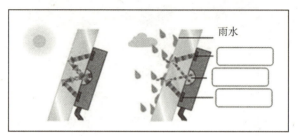

（3）智能刮水器系统具有哪些人性化的功能？

（4）写出下图迈腾汽车刮水器电路中各部分的名称。

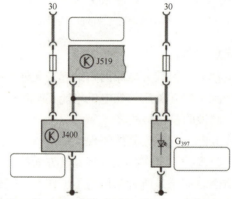

（5）写出大众迈腾汽车自动刮水器系统中各部分的名称。

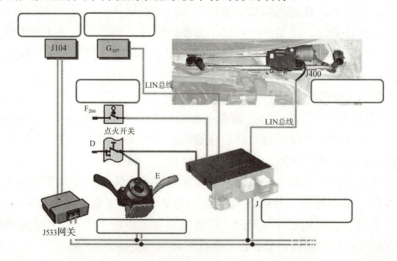

2. 参考信息

电动刮水器虽然能够实现间歇控制，也可以通过手动调节间歇时间控制刮水频率，但不能够随雨量的变化自动及时调整刮水器的刮水频率。雨滴感知刮水器则能根据雨量的大小自动调节刮水器刮水频率，使驾驶员始终保持良好的视线。

（1）雨滴感知型刮水器的组成。

雨滴感知型刮水器主要由雨量传感器、间歇刮水放大器和刮水器电机组成，见图5-40。

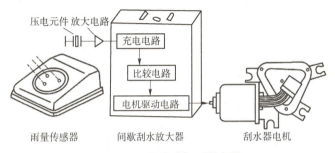

图5-40　雨滴感知型刮水器

有的雨量传感器是压电式，有的雨量传感器是光电式，其结构见图5-41和图5-42。

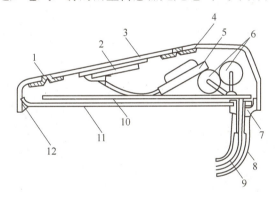

图5-41　压电式雨量传感器结构图

1—阻尼橡胶；2—压电元件；3—振动片（不锈钢）；4—上盒（不锈钢）；5—集成电路；6—电容器；
7—衬垫；8—线束套筒；9—线束；10—电路基板；11—下盒（不锈钢）；12—密封件

图5-42　光电式雨量传感器

（2）雨量传感器的安装位置。

雨量传感器位于前风挡后视镜底座位置。传感器的作用是将雨量的大小转变为与之相对应的电信号，其位置见图5-43。

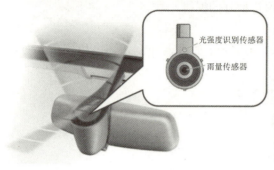
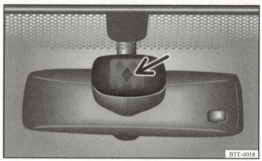

图5-43　雨量传感器位置及感应面

（3）光电式雨量传感器原理。

光电式雨量传感器内部四周有发光二极管，中间是光电二极管，风挡玻璃完全干燥，则大部分的光线都会反射回来。风挡玻璃上面的水滴越多，反射回来的光线越少。雨量大小改变了LED发射出来的光线折射率和强度，导致光电二极管感受到的光线强度发生了变化，由此来判断雨量的大小，从而实现自动刮水器功能，见图5-44。

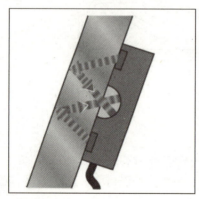
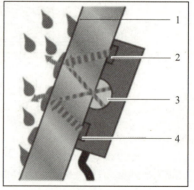

图5-44　光电式雨量传感器原理

1—玻璃表面；2，4—发光二极管；3—光电二极管

（4）光电式雨量传感器灵敏度调整。

当风窗刮水器操纵杆置于图5-45所示的1位置时雨量传感器处于激活状态，可根据雨量自动调节刮水间隔时间，也可以通过手动调整图5-45的雨量传感器灵敏度调整开关A来实现手动刮水；当风窗刮水器操纵杆置于图5-45所示的0位置时，退出雨量传感器自动控制功能。

关闭点火开关以后再次打开，雨量传感器仍处在激活状态，将刮水器操纵杆拨至位置1或者车速高于16 km/h时，雨量传感器又开始控制刮水频率。

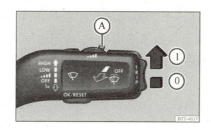

图 5-45　风窗刮水器操纵杆上的雨量传感器灵敏度调整开关

图 5-45 的雨量传感器灵敏度调整开关 A 可以手动调整，右拨开关，提高灵敏度，左拨开关，降低灵敏度。

对于没有雨量传感器的轿车，左拨或者右拨这个开关 A 可以调节间歇挡刮水间隔时间，因此，没有雨量传感器的轿车把这个开关叫作间歇时间调整开关。

雨量传感器不是总能探出雨量大小，有时雨水过多或者其他原因可能会导致雨量传感器感应面故障和误判，导致自动控制功能失常，比如：

① 刮水器片损坏：用损坏的刮水器片刮水时会在风窗玻璃上形成一层水膜或污斑，从而可能延长刮水器打开时间，缩短刮水间隔时间，或导致刮水器持续运转。

② 昆虫：昆虫撞击感应面可能激活刮水器。

③ 沉积盐：冬季行驶时防滑盐可能沉积在感应面上，导致刮水器在风窗处于干燥状态时持续刮擦风窗玻璃。

④ 污物：干尘、蜡、风窗涂料（莲花效应）或洗涤剂沉积物（自动洗车机）均可能降低雨量传感器的灵敏度，使之反应滞后，或根本无反应。

⑤ 风窗玻璃裂纹：风窗玻璃上的裂纹可能激活刮水器，缩小感应面积，雨量传感器将记住缩小的感应面，并按缩小的感应面调节刮水器刮水频率。传感器功能受损程度取决于裂纹尺寸。

（5）雨滴感知型刮水器的工作原理。

雨滴感知型刮水器控制系统原理框图见图 5-46。

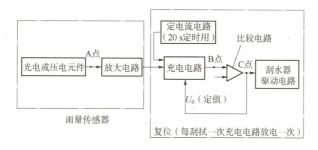

图 5-46　雨滴感知型刮水器控制系统原理框图

雨量传感器工作时把相应的光电信号或者压电信号经过放大后送入间歇刮水放大电路，对放大器的充电电路（电容）进行 20 s 的定时充电，电容电压上升。该电压输入比较电路，比较电路将其与基准电压 U_0 比较。当电容电压达到 U_0 时，比较电路向刮水器电动机发出信号，使其工作一次。当雨量大时，雨量传感器产生的电信号强，充电电路电压达

到基准电压值 U_0 所需时间就短，刮水器的工作间歇时间就短；反之，雨量小时雨量传感器产生的电压小，充电电路电压达到基准电压 U_0 所需时间就长，刮水器的工作间歇时间就长。当雨量很小，雨量传感器没有电压信号输出时，只有定电流电路对充电电路进行充电，20 s 后充电电路的输出电压达到基准电压 U_0，刮水器动作一次。这样，雨滴感知型刮水器就把刮水器的间歇时间控制在 0~20 s，以适应不同雨量的需要。

（6）智能刮水器系统。

目前大众大多数新款车辆刮水器是由 LIN 总线传输信号的，车速、机舱盖开关、点火开关、刮水器开关、雨量/光强传感器等信号通过总线传输给车载电网控制单元 J519，然后 J519 通过 LIN 总线把信号传输给刮水器电机控制单元 J400 控制电机工作，见图 5-47。

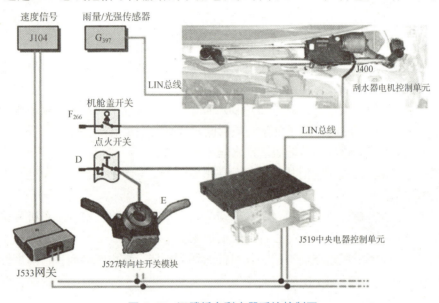

图 5-47　迈腾轿车刮水器系统控制图

LIN 总线信号传输的刮水器还有很多人性化的功能，例如，APS 功能、防阻功能、维修位置、冬季等。

① 维护位置。

大多数车辆都是隐藏式刮水器，如果更换刮水器片或是拆装刮水器臂，可能会对发动机盖产生关联，需要把刮水器片调整到维护位置进行检查维修操作。风窗刮水器在维护位置时可将其抬离风窗玻璃。这里以迈腾汽车为例，调整维护位置，刮水器维护位置见图 5-48。

 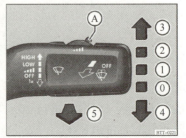

图 5-48　刮水器维护位置

刮水器维护位置操作方法：发动机舱盖必须处于关闭状态→打开点火开关，然后将其关闭→10 s 内拨风窗刮水器操纵杆至位置④，刮水器移至维护位置。

奥迪带有 MMI 系统的车型，刮水器的维护位置也可以在 MMI 系统中进行调整。

② 冬季模式。

在冬季停车时，风挡玻璃上有雪或水的情况下，刮水器片容易冻在玻璃上，造成刮水器片和风窗刮水机构的损坏。应对这种情况，有的品牌车型的刮水器设置了冬季位置，比正常位置高一些，让刮水器片位于玻璃下出风口可及的玻璃区域，这样更方便使车窗玻璃刮水器摆脱雪和冰。比如路虎设置了冬季位置，在仪表中设置，方便停车后开启，见图5-49。

图 5-49　冬季停驻位置设置

还有的车型冬季位置自动打开，比如奥迪，为了能够加速玻璃刮水器去冰，在关闭点火开关且外界温度低于 4 ℃时，刮水器进入冬季位置，在该位置上，车窗玻璃刮水器位于玻璃下出风口可及的玻璃区域，见图5-50。如果操纵车窗玻璃刮水器拨杆或被启用的雨水传感器对潮湿做出反应，那么在打开点火开关后就脱离冬季位置。

图 5-50　刮水器冬季停驻位置

③ APS 功能。

APS 功能是刮水器交替变化停留位置，也就是每打开两次点火开关，刮水器会向相反方向动一下，其主要作用是防止刮水器片疲劳，延长刮水器片的使用寿命。

需要注意的是更换刮水器臂时，APS 功能必须关闭并且刮水器电机必须达到其最低位置。关闭 APS 功能后，不能马上激活 APS 功能，在 100 个刮水循环后，APS 功能将自动激活。

④ 防阻功能。

防阻功能是当刮水器在摆动过程中遇到障碍物或冻结在风挡玻璃上时，刮水器控制单元会进行 5 次尝试推动，如果失败，刮水器停在此位置不动。清除障碍后，需再次拨动刮水器开关，系统才会继续工作，见图 5-51。

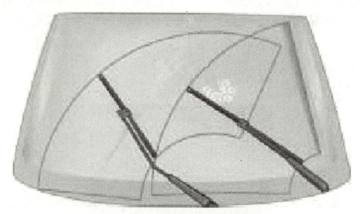

图 5-51　刮水器防阻功能

⑤ 智能刮水器系统除了完成正常的自动刮水功能外还有以下功能：

a. 打开点火开关，在车辆停止时打开发动机仓盖，刮水器将被禁止工作，只有当发动机舱盖和后备厢盖均处于关闭状态时风窗刮水器才能工作；当仓盖被打开，车速在 2~16 km/h 时，刮水器功能同样被禁止，但当再次拨动刮水器开关后，功能将被激活；当车速大于 16 km/h 时，尽管仓盖被打开，刮水器功能会保持工作状态不受影响，直至车速低于 2 km/h 后，重新被禁止工作。

b. 轿车处于静止状态时，打开刮水器时刮水器暂时降低刮水速度。

c. 清洗/刮水系统处于运转状态时，空调系统切换至空气内循环模式运转约 30 s，防止风窗清洗液的气味进入车内。

d. 打开间歇刮水功能时，系统根据车速调节刮水间隔时间，车速越高，刮水间隔越短，刮水频率越高。

e. 风窗刮水器处于打开状态时若关闭点火开关，再次打开点火开关时风窗刮水器将按关闭点火开关前的设定刮水。若前风窗上有霜、雪或其他黏结物，则可能损坏风窗刮水器电机，这点需注意。

（7）LIN 总线。

LIN 是 Local Interconnect Network 的简称，是局域互联网络，表示本地内部连接网络，也可以称为"本地子系统"。LIN 是一种低成本的串行通信网络。LIN 总线是单线数据总线，底色是紫色并标有识别色，线路为横切面积为 0.35 mm²、没有屏蔽层的数据导线。LIN 总线系统由主控单元和执行控制单元构成，使用一根双向单线总线导线传输数据。LIN 总线主控单元与执行控制单元连接如图 5-52 所示。

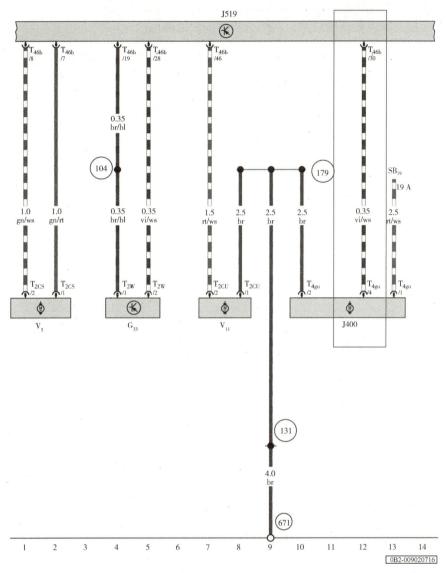

图 5-52　刮水器控制单元 J400 与车载电网控制单元 J519 之间的通信 LIN 总线

任务 5.3.3　智能刮水器不工作故障检修

在开车途中下起了小雨,刮水器没有自动刮水,操作刮水器开关,刮水器不工作。根据智能刮水器系统控制原理,分析可能故障原因,根据制订的故障诊断计划排除故障,完成下面的工作表。

1. 工作表　智能刮水器不工作故障检修

（1）准确描述并写出故障现象。

_____

_____

（2）根据故障现象获取信息，初步分析可能的故障原因。

_____

_____

（3）识读智能刮水器系统电路图，画出简图。

_____

_____

（4）根据电路简图，进一步分析可能的故障原因。

_____

_____

（5）写出读取的故障码。

_____

_____

（6）测量与诊断（写出测量过程，给出诊断结果）。

_____

_____

（7）验证和确认故障点。

_____

_____

（8）修复故障并检查。

_____

_____

2．参考信息

（1）制订智能刮水器不工作故障诊断计划。

制订驾驶员侧车门上的左后车窗升降器开关失灵故障诊断计划要的步骤：

① 确认故障现象；

② 初步分析，画相应电路图；

③ 根据电路图分析可能故障原因；

④ 读取故障码；

⑤ 测量与诊断：利用诊断仪、万用表、示波器等测量工具辅助诊断；

⑥ 验证和确认故障点；

⑦ 修复故障并检查。

（2）根据诊断计划排除故障。

① 确认故障现象：打开点火开关，观察仪表状态，仪表正常点亮，仪表显示机舱盖关闭状态；操作刮水器开关的间歇挡、慢速挡、快速挡、点动挡，刮水器在任意挡位都不工作；打开大灯，操作刮水器喷水挡位，大灯清洗和风挡喷水正常工作，但是刮水器不动。

根据以上操作得出结论：车辆有电，点火开关已正常打开，刮水器开关工作正常，刮水器不工作。

② 画刮水器系统电路简图，见图 5-53。

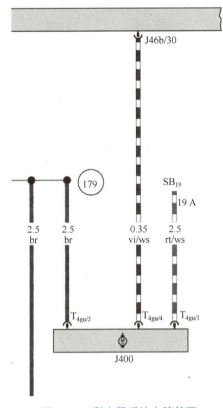

图 5-53　刮水器系统电路简图

③ 分析可能的故障原因：

根据故障现象和电路简图分析，可能的故障是刮水器控制单元及相关线路故障，具体表现为以下几种：

J400 自身损坏；

J400 供电熔断器 SB_{19} 及来电线路故障；

J400 搭铁线路故障；

J400 与 J519 之间通信线路故障。

④ 读取故障码：用诊断仪进入车载电网控制单元 J519 读取故障码，故障码提示：控制单元 J400 无通信。

⑤ 测量与诊断。

J400 来电、J400 搭铁、J400 通信 LIN 总线及 J400 自身故障都可能导致出现上述故障码，考虑测量方便性，优先测量 J400 供电熔断器是否正常，见表 5-4。

⑥ 验证和确认故障点。

⑦ 根据表 5-4 中的测量结果，得出结论：J400 供电熔断器异常，拔下该熔断器进一步测量电阻值，显示阻值无穷大，表示 SB_{19} 熔断器已经熔断损坏，需要更换。

⑧ 修复故障并检查。

表 5-4　J400 供电熔断器 SB_{19} 测量

测量条件	测量对象	实测值	标准值	是否正常
打开点火开关，前机盖锁处于关闭状态，刮水器开关放到刮水器工作挡位	SB_{19} 上端电位	12.3 V	+B	是
	SB_{19} 下端电位	0 V	+B	否

按照原规格更换熔断器，更换后确认刮水器功能恢复正常，故障排除。

(3) 2020 款红旗 H9 汽车智能刮水器系统故障检修。

故障现象：刮水器组合开关处在自动挡（自动感应模式），偶尔下雨时刮水器不动作，偶尔小雨时快速工作。刮水器组合开关处于其他挡位时刮水器工作正常。

可能故障原因分析：红旗 H9 汽车智能刮水器系统控制电路图见图 5-54。从控制电路图可以看出，红旗 H9 汽车智能刮水器系统主要由前刮水器控制单元、光线雨量传感器、车身控制单元等部分组成，且这几个模块之间采用一根通信线。根据电路图，结合故障现象，分析可能是光线雨量传感器自身或者相关线路故障，需要进一步测量与诊断。

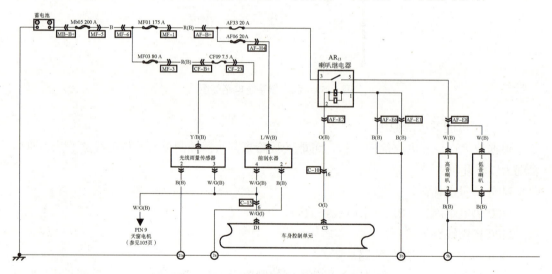

图 5-54　红旗 H9 汽车智能刮水器系统控制电路图

诊断与测量：带载测量光线雨量传感器的来电、搭铁与信号，均正常，怀疑光线雨量传感器故障。

修复故障并检查确认：更换光线雨量传感器，喷雾试验，刮水器功能恢复正常。

（三）任务拓展

(1) 识读自主品牌红旗 H9 汽车智能刮水器系统电路，画出电路简图。

红旗 H9 汽车电路图识别二维码可见。

红旗 H9 雨刮电路

（2）风挡玻璃清洗泵故障案例。

① 故障现象。

打开点火开关，将转向柱右侧开关打至刮水器清洗挡时，刮水器电机工作，但风窗清洗泵电机不工作。

结合故障现象，可以排除哪些故障可能：

因风窗清洗泵电机和刮水器电机共用转向柱右侧组合开关，当打开开关时，刮水器电机可以正常运转，因此可以排除刮水器组合开关、J527 及 J519 之间的输入信号故障。

② 锁定故障范围。

故障范围可能在：

a. 喷水电机本身故障；

b. J519 到喷水电机之间线路故障；

c. J519 本身故障。

③ 用诊断仪读取故障码。

进入 J519，读取故障码信息为："C030B[787211]　B126113 风挡玻璃清洗泵，断路"，见图 5-55。

故障代码	SAE 代码	故障文本
88415 [558101]	U112100	数据总线丢失信息
88C15 [560149]	U112100	数据总线丢失信息
3040C [197644]	B126301	油箱盖解锁启动，电气故障
82215 [533013]	U112100	数据总线丢失信息
C030B [787211]	B126113	风挡玻璃清洗泵，断路

0009 - 电子中央电气系统 (UDS / ISOTP / 5Q0937084CF / 0236 / H34 / EV_BCMMQB / 017001)

图 5-55　风挡玻璃清洗泵不工作故障码

④ 信号传递路线简图。

风挡玻璃清洗泵信号传递线路简图如图 5-56 所示。

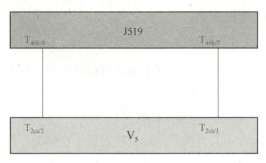

图 5-56　风挡玻璃清洗泵信号传递线路简图

⑤ 现场测量过程。

注意：测量电压时要满足测量条件，即带载车辆。

第一步，用万用表电压挡测量风窗玻璃清洗泵电机 V_5 $T_{2cs/2}$ 与 $T_{2cs/1}$ 之间的电压，结果是 0 V，说明没有供电成功。

第二步，用万用表电压挡继续测量 J519 $T_{46b/8}$ 与 $T_{46b/7}$ 之间电压，结果是 14 V，说明 J519 供电正常。

第三步，用示波器测量 J519 $T_{46b/7}$ 与接地端子之间的电压，波形见图 5-57。测量结果说明 J519 供电电压正常。

图 5-57　J519 的 $T_{46b/7}$ 脚电压波形

第四步，用示波器测量 V_5 $T_{2cs/1}$ 与接地端子之间的电压，波形见图 5-58。测量结果说明风窗玻璃清洗泵电机无来电。

图 5-58　风窗玻璃清洗泵电机 V_5 的 $T_{2cs/1}$ 脚电压波形

第五步，断电拔下 J519 的 $T_{46b/7}$ 和 V_5 的 $T_{2cs/1}$，使用万用表的欧姆挡测量两端子之间的电阻，测量值为无穷大，说明线路断路。

⑥ 故障结论。

J519 $T_{46b/7}$ 与风窗玻璃清洗泵电机 V_5 $T_{2cs/1}$ 之间线路断路，建议更换或者维修线束。

三、参考书目

序列	书名，材料名称	说明
1	《汽车电气系统故障诊断与维修》	主编 张军 高等教育出版社
2	实训车辆（这里以迈腾B8L为例）、诊断仪、万用表、工具车	